Andreas Tronnier

Die Antischüchternheits – Challenge

Andreas Tronnier

Die Antischüchternheits – Challenge

Warum so schüchtern? – Redegewandt in 30 Tagen

Trainerverlag

Imprint

Cover image: www.ingimage.com

Publisher:
Der Trainerverlag
is a trademark of
International Book Market Service Ltd., member of OmniScriptum Publishing Group
17 Meldrum Street, Beau Bassin 71504, Mauritius
Printed at: see last page
ISBN: 978-620-2-49495-3

Warum so schüchtern? Redegewandt in 30 Tagen.

Wie du in 30 Tagen mit der Kunst der NLP deine Schüchternheit überwindest und ein erfolgreicher Redner wirst.

Hallo, lieber Leser, liebe Leserin!

Dies ist keine Entspannungslektüre. Du hast dieses Buch nicht gekauft, weil du es dir damit an einem verregneten Sonntag auf der Couch gemütlich machen möchtest. Vielmehr soll dieser Ratgeber etwas verändern in deinem Leben. Du hältst dieses Buch in den Händen, weil du ein Problem hast. Du hast dir selbst eingestanden, dass du kein großer Redner bzw. keine große Rednerin bist. Du leidest unter deiner Schüchternheit und wünschst dir, einfach souverän vor einer größeren Gruppe sprechen zu können. Du weißt, dass dir mit diesem Problem viele Türen verschlossen bleiben. Zu erkennen, dass an einem bestimmten Punkt etwas nicht so einwandfrei läuft, wie man es sich wünschen würde, ist immer der erste Schritt, in seinem Leben etwas zu verändern. Dieses Problem auch aktiv anzugehen und bereit zu sein, die eigene Komfortzone zu verlassen, ist bereits der zweite Schritt. Somit hast du an diesem Punkt bereits die ersten beiden Schritte erfolgreich hinter dich gebracht, um deine Schüchternheit zu überwinden und in Zukunft selbstbewusst vor anderen sprechen zu können.

Ich habe dieses Buch geschrieben, um dir Schritt für Schritt dabei zu helfen, dieses Ziel auch zu erreichen. Denn kein Weg besteht nur aus den ersten beiden Schritten. Es ist wichtig, dass du losläufst, aber wenn du – um bei dem Bild der Straße zu bleiben – kein Fortbewegungsmittel und kein Navigationsgerät hast, geht dir nach kurzer Zeit die Luft aus, du weißt nicht, in welche Richtung es weitergehen soll, und bleibst dann doch irgendwann wieder stehen.

Um konkret zu werden: Deine Schüchternheit kannst du nicht von einem Tag auf den anderen einfach ausblenden. Es gibt keinen Schalter, den ich für dich umlegen könnte. Aber sie lässt sich systematisch durch gezielte Übungen abbauen. Mit diesem Ratgeber helfe ich dir, Selbstbewusstsein zu entwickeln, das Reden zu üben und damit deinem Leben in nahezu allen Bereichen eine neue Richtung zu geben.

Wenn du dich jetzt gemütlich zurücklehnst und dir denkst: „Prima, dann lese ich das Buch jetzt und bin danach ein begnadeter Rhetoriker“, muss ich dich leider enttäuschen. Es geht darum, dass du gewohnte Bahnen verlassen und dich jeden Tag neu überwinden musst. Du musst raus aus deiner Komfortzone. Dieser Ratgeber ist ein Leitfaden. Und mehr noch: Ich lade dich ein zu einer Challenge. Ich verspreche dir, dass du in nur 30 Tagen deine Schüchternheit ablegen kannst und Rhetorik erlernen wirst. Aber nur, wenn du bereit bist, etwas dafür zu tun. Ich werde dir an jedem einzelnen Tag sagen, was das ist. DU musst es aber umsetzen. Es wird Momente geben, in denen dir nicht klar sein wird, weshalb diese oder jene Herausforderung für deine Rhetorik so wichtig ist. Es wird auch immer wieder der Punkt kommen, an dem es dich sehr große Überwindung kosten wird.

Jeder einzelne Tag der 30-Tage-Challenge wird dir Erfolgserlebnisse und damit auch positive Gefühle bescheren.

Eines sollte dir bewusst sein: Rhetorik ist keine Fähigkeit, die sich einfach so erlernen lässt wie Fahrradfahren oder eine Fremdsprache. Rhetorik – und damit meine ich das Ablegen der ureigenen Schüchternheit, die Fähigkeit des freien Sprechens vor anderen Menschen, die Souveränität, das Selbstbewusstsein und ja, auch das gewisse Etwas, das Charisma – verlangt eine Veränderung im Inneren. Genau deshalb ist es wichtig, dass du dich auf das 30-Tage-Experiment voll und ganz einlässt. Du wirst das Reden nicht nur mechanisch erlernen, sondern Selbstbewusstsein aufbauen.

Ein Tipp noch zu Beginn: Neugier ist menschlich. Vermeide es dennoch, jetzt in diesem Ratgeber zu blättern und dir das eine oder andere bereits vorab durchzulesen. Die 30-Tage-Challenge ist Schritt für Schritt aufgebaut. Es ist wichtig, dass du dem roten Faden folgst und dich an die Anleitung hältst.

Bereit? Dann wünsche ich dir tolle Herausforderungen und viel Spaß bei deiner 30-Tage-Challenge!

Schüchternheit und Rhetorik: Dein Problem – meine Lösung

Du hast zu diesem Ratgeber gegriffen in der Hoffnung, dass ich dir helfen kann. Somit weißt du bereits sehr gut, was dein Problem ist. Schüchternheit ist bei allen Menschen in irgendeiner Weise vorhanden. Nicht jeder ist in der gleichen Situation von Schüchternheit betroffen. Doch bei vielen ist die Schüchternheit so ausgeprägt, dass jegliches Sprechen vor anderen Menschen oder sogar das Reden MIT anderen Menschen zum Desaster wird.
In welchen Lebenssituationen hemmt dich deine Schüchternheit? Da ist vielleicht dieser sympathische Mann oder diese sympathische Frau, den/die du gerne ansprechen möchtest, dich aber partout nicht traust. Oder du bist an jemandem interessiert, den du zwar bereits kennst, mit dem du dich aber einfach nicht wirklich unterhalten kannst, weil du dich im Gespräch völlig falsch verhältst. Bei Freunden und Familienmitgliedern bist du redegewandt, unterhaltsam und witzig, aber sobald du mit jemandem sprichst, an dem du ernsthaft interessiert bist, versprichst du dich ständig.

Oder du gehst auf eine Party, auf der du nur wenige der Anwesenden kennst. Alle unterhalten sich, es gibt lustige Anekdoten, Witze und fröhlichen Small Talk. Und du stehst nur dabei und traust dich nicht, den Mund aufzumachen. Du weißt, alle Köpfe werden sich zu dir umdrehen, wenn du einen Witz machst, und dann lacht niemand und es wird ein peinliches Desaster. Natürlich überwindest du diese Angst nicht, sondern bleibst weiter schweigender Gast.

Rhetorik wird in allen Lebenslagen benötigt. Tagtäglich triffst du andere Menschen. Du sprichst nicht nur einen Mann oder eine Frau an, der/die dir gefällt, sondern du unterhältst dich auch mit Nachbarn, Fremden auf der Straße, Kollegen, Menschen des täglichen Lebens. Wer schüchtern ist, gerät schnell ins Abseits. Es gibt Menschen, die wagen es kaum, bei Fragen und Problemen Angestellte oder Dienstleister anzusprechen. Vielleicht muss man sich auch einmal irgendwo beschweren, sich Gehör verschaffen. Menschen, die unter Schüchternheit leiden, berichten immer wieder, dass es ihnen schwer fällt, sich anderen zu öffnen, sich auch einmal zu wehren oder an Informationen zu gelangen.

Aber nicht nur im privaten Bereich ist Rhetorik gefordert. Viel wichtiger ist sie im Beruf. Das beginnt bereits in den Schulen und setzt sich fort in der Ausbildung und erst recht im Studium. Referate und Präsentationen müssen gehalten werden. Es gibt mündliche Prüfungen, die ein echtes Dilemma sein können, obwohl du die notwendige Fachkenntnis hast.

Später im Beruf bist du gezwungen, mit anderen Menschen zu reden. Wer eloquent ist und sich mit Kollegen, Vorgesetzten, Geschäftspartnern und Kunden gewandt unterhalten kann, setzt sich durch, macht Eindruck, bewegt etwas – kurz: Er/sie ist erfolgreich.

Wahrscheinlich erlebst du jeden Tag die Kehrseite dieser Medaille: Während andere im Rampenlicht stehen, siehst du dich ständig im Abseits, weil dich eine Gruppe von Menschen nicht wahrnimmt. Du fühlst dich unwohl, wenn du mit oder vor anderen sprechen sollst. Du sitzt in Meetings und beteiligst dich nicht an den Überlegungen, obwohl du einiges beitragen könntest. Und wenn du wirklich gezwungen sein solltest, vor anderen eine Rede zu halten, bricht Panik aus. Du kannst bereits Tage vorher nicht schlafen, hast Herzrasen, Schweißausbrüche und Atemnot. Die Stimme bleibt dir weg und im entscheidenden Augenblick gibst du eher ein klägliches Bild ab. Später ärgerst du dich über dich selbst, weil du weißt, was du eigentlich alles hättest sagen können. In deinem Kopf ist die Rede perfekt, nur dein Körper arbeitet gegen dich. Oder hast du vielleicht sogar bereits eine großartige Möglichkeit verpasst, weil du deine Redeangst nicht überwinden konntest? Dann ist es nun an der Zeit, diese Angst zu überwinden, denn sie steht dir in allen Lebensbereichen im Weg.

Was ist Redeangst?

Die Redeangst, auch Sprechangst oder Redehemmung genannt, beschreibt nicht nur die Angst, vor einer größeren Gruppe zu sprechen, sondern betrifft im Grunde jede Form zwischenmenschlicher Kommunikation. Also immer dann, wenn jemand mit anderen Menschen redet, kann Redeangst auftreten.

Typische Symptome der Redeangst sind:

- Panik bereits im Vorfeld einer Rede/Präsentation etc.
- Angstgefühle, die ansteigen, je näher der Zeitpunkt der Rede rückt
- Ständige Vorstellung davon, sich zu blamieren
- Angst zu sprechen, da andere schlecht von einem denken könnten
- Angst vor der Kritik auf die Rede

Im Moment der Rede bzw. des Sprechens selbst:

- Herzrasen
- Flacher Atem
- Zittern
- Schwindelgefühle
- Bauchschmerzen
- Übelkeit
- Schweißausbrüche
- Probleme, sich zu konzentrieren
- Verlieren des „roten Fadens“
- Schwierigkeiten, die richtigen Worte zu finden
- Stottern
- Schnelles, abgehacktes Sprechen
- Leere im Kopf
- Häufige Versprecher

Das Ergebnis der Redeangst ist generell, dass jede Situation, das Wort zu ergreifen, vermieden wird.

Ich fasse zusammen:

Rhetorik ist in allen Lebensbereichen wichtig. Sie ist Basis jeder Kommunikation. Und diese wiederum ist Grundlage jedes zwischenmenschlichen Miteinanders, ganz egal, ob im privaten oder beruflichen Bereich.

Wer unter Redeangst leidet, entzieht sich der Rede- und Sprechsituation und gerät ins Abseits – sowohl privat als auch beruflich.

Die gute Nachricht ist jedoch:

Kommunikation und Redegewandtheit sind erlernbar!

An diesem Punkt kommt dieses Buch ins Spiel. Ich lade dich wie gesagt dazu ein, an einer 30-Tage-Challenge teilzunehmen. An jedem Tag wirst du dich mit Teilaspekten deiner Redeangst auseinandersetzen. Oft ist dir das nicht bewusst. Und an jedem Tag gilt es, die Herausforderung anzunehmen und sofort in die Tat umzusetzen. Der Vorteil besteht für dich darin, dass du eine sehr gezielte Anleitung bekommst, was zu tun ist. Du musst dich nicht mit der quälenden Frage auseinandersetzen, was du selbst tun kannst, um deine Schüchternheit zu überwinden. Du musst einfach nur umsetzen, was die tägliche Challenge von dir verlangt. Der Nachteil: Es ist nicht immer ein bequemer Weg. Aber bequem sind Veränderungen bekanntlich nie.

Ziel dieses Buches ist es, die inneren Blockaden, die die Basis deiner Redeangst bilden, aufzulösen, Selbstbewusstsein aufzubauen und Kommunikationspraxis zu erlernen.

Lese dir dazu im Folgenden bitte die kurze Anweisung durch und dann kann es losgehen.

Was ist zu tun? Eine Kurzanweisung

Wie du bereits festgestellt hast, habe ich keinen nüchternen Ratgeber erstellt, der einfach in einem Rutsch zu konsumieren ist. Kommunikation ist eine Fähigkeit, kein theoretisches Wissen. Wäre es das, ließen sich in einem Buch Informationen aneinanderreihen, und du müsstest es lediglich lesen. Eine Zusammenstellung reinen Wissens wäre auch von keiner Reihenfolge abhängig. Du könntest beliebig im Sachbuch zu den verschiedenen Themen blättern, dir individuell heraussuchen, was dich besonders betrifft oder interessiert. Doch genau das funktioniert hier nicht. Hier geht es um das Erlernen einer Fähigkeit. Und das ist nur Schritt für Schritt möglich.
Was du dazu brauchst, sind ein fester Wille und Konsequenz.

Was genau musst du tun?

An jedem Tag gilt es, genau ein Kapitel abzuarbeiten. Das Kapitel eines jeden Tags beginnt immer mit einem Briefing. Das bedeutet, ich werde dir zu Beginn des Tages kurz mitteilen, worum es in der heutigen Aufgabe, der du dich stellen darfst, geht. Was ist das Ziel? Welches ist die Philosophie, die dahintersteht? Was wird dir der heutige Tag bringen? Was bedeutet das für dich konkret?

Und dann geht es auch schon los. Denn dann folgt deine Mission des Tages. Manchmal können es sogar zwei sein. Hier werde ich sehr konkret: Ich werde dir gezielt Aufgaben stellen. Diese musst du umsetzen. Wichtig für den Erfolg ist, dass du nichts aufschiebst. Gedanken wie: „Das passt jetzt ausgerechnet heute nicht“ oder „Das lasse ich aus, das ist mir zu blöd oder zu peinlich“ oder „Das mache ich ein anderes Mal“ dürfen gar nicht erst aufkommen. Das Ganze wird nur funktionieren, wenn du dich konsequent an die täglichen Missionen hältst. Bei der 30-Tage-Challenge kommt es auf jeden einzelnen Tag an. Es ist keine „Irgendwann-Challenge“. „Irgendwann-Challenges“ gibt es nicht, weil „irgendwann“ so viel wie „nie“ bedeutet. Veränderungen sind nur dann möglich, wenn du sie sofort angehst.

Mach dir keine Sorgen, alle Missionen sind realisierbar. Es braucht lediglich das ein oder andere Mal Überwindung. Ich garantiere dir, jede Mission hat ihren Sinn und bringt dich einen Schritt weiter.

Geh einen Schritt nach dem anderen. Arbeite deine persönliche Challenge Tag für Tag ab – genau in der Reihenfolge, in der ich sie für dich zusammengestellt habe!

Bereit? Dann geht es los!

Die 30-Tage-Challenge:

Bereit, die Veränderungen in deinem Leben anzustoßen? Dann beginne mit dem Tag 1, dem ersten Tag auf dem 30tägigen Weg in ein neues, selbstbewusstes Leben, in welchem du keine Scheu mehr hast, auf andere zuzugehen, in dem das Geheimnis deines Erfolgs darin liegt, dass du dich im wahrsten Sinne des Wortes etwas traust.

1. Tag: Ehrliche Bestandsaufnahme: Wo stehe ich?

Es ist klar, dass du am liebsten sofort loslegen möchtest. Bestandsaufnahme – klingt langweilig. Du weißt schließlich genau, was dein Problem ist.

So einfach ist es allerdings nicht. Wir wissen immer, was unser Problem ist, wir wissen immer, wohin wir wollen, was wir uns wünschen. Aber selten haben wir die Courage, den Dingen auf den Grund zu gehen und ehrlich zu uns zu sein. Oder unser Blick auf uns selbst ist so verzerrt, dass wir uns und unsere Wirkung nach außen nicht richtig einschätzen können.

Die richtige Selbsteinschätzung ist jedoch elementar, um etwas zu verändern. Es ist logisch: Nur, wenn du weißt, wie deine Wirkung nach außen gerade ist, weißt du, was dein nächster Schritt sein muss. Eine ehrliche Bestandsaufnahme hilft dir, die Motivation und den Mut zu finden, deine Schüchternheit zu überwinden.

Briefing: Du bist nicht so schlecht, wie du glaubst

Wenn du unter deiner extremen Schüchternheit leidest, bedeutet das, dass du dich selbst kleiner machst, als du bist. Das ist das grundlegende Problem.

Stelle dir einmal eine typische Situation vor, in der du Redeangst verspürst. Welches sind die Momente, in denen du von deiner Schüchternheit ausgebremst wirst? Was geht in diesem Moment in dir vor?

Richtig, das Problem ist, dass du dir Szenarien ausmalst, die dein Scheitern darstellen. „Wenn ich jetzt etwas sage, wirkt es dumm?“ „Was werden die anderen von mir denken?“ „Mögen die mich?“ „Mache ich mich lächerlich?“ „Was, wenn ich versage?“ „Was, wenn ich einen Korb kriege?“ Das sind die gängigen Ängste, die in den Köpfen derer herumschwirren, die unter extremer Schüchternheit leiden. Das bedeutet, im Grunde hegst du bereits diese Erwartungshaltung. Wenn du glaubst, man würde sich über dich lustig machen, gehst du bereits innerlich davon aus, dass du etwas Dummes sagen wirst, dass du womöglich nicht intelligent, nicht eloquent genug bist. Wenn du Angst hast, von einer Frau einen Korb zu bekommen, bedeutet das, dass du innerlich mit dir haderst und denkst, nicht attraktiv genug zu sein. Wenn du grundsätzlich Befürchtungen hast, du könntest stottern, den Faden verlieren, langweilig sein, dann zweifelst du bereits an deinen Fähigkeiten als Redner.

Im Englischen nennt man diese Voreingenommenheit gegenüber sich selbst *limiting belief*. Übersetzt bedeutet das so viel wie „begrenzender Glaube“. Dein Glaube an dich selbst bzw. dein fehlender Glaube an dich beschränkt dich. Du nimmst dir durch mangelhafte Selbsteinschätzung die Möglichkeit, dich zu beweisen. Du machst dich selbst klein, ehe es ein anderer tun kann.

Bevor du dich an eine Veränderung in deinem Leben wagst, ist es wichtig, dein Selbstbild wieder geradezurücken. Denn wenn du selbst dein eigenes Scheitern nahezu erwartest, wie sollst du dann selbstbewusst und sicher genug sein, um dennoch zu bestehen? Schüchternheit kannst du nur überwinden, wenn du selbstbewusst auftrittst.

Deine heutige Mission wird es sein, dir deiner selbst bewusst zu werden und erste Grenzen zu übertreten.

Mission: Wo stehe ich – wo will ich hin?

Bestandsaufnahme: Nimm dir ein Blatt Papier und schreibe dir deine erste Frage an dich selbst auf:

Wie nehmen mich andere Menschen wahr?

Antworte in Stichpunkten, wie Menschen dich deiner Meinung nach wahrnehmen. Versuche dabei, so objektiv wie möglich zu bleiben. Welche Resonanz hast du bereits erhalten? Was hat man dir schon zu deinem Auftreten reflektiert? Wie waren offensichtliche Reaktionen?

Als nächstes stellst du dir die Frage: Wie möchte ich wahrgenommen werden?

Notiere dir hier, wie du dir deine Wirkung auf andere wünschen würdest. Es ist wichtig, sich hier Ziele zu setzen. Diese müssen realistisch und authentisch sein. Wenn du eher der ruhige Typ bist, wäre es falsch, sich selbst als den absoluten Entertainer vorzustellen. Jeder Mensch hat seine Stärken, die herausgearbeitet werden müssen. Nicht jeder kann umwerfend komisch sein und muss das auch gar nicht.

Stelle dir Menschen vor, die dich persönlich beeindrucken, interessieren, denen du gerne zuhörst. Was machen sie anders als du? Was könntest du von ihnen lernen?

Als dritten Punkt schreibe auf, was deine Schwächen sind. Was würdest du gerne ändern? Was ließe sich verbessern? Versuche hier, konkret zu werden. Schreibe also nicht einfach nur auf „Ich bin schüchtern“, sondern schreibe detailliert auf, welches deine Probleme sind. Etwa „Ich habe ständig Angst, mich zu blamieren“, „Mir fällt es schwer, schlagfertig zu sein“ usw.

Als letzten Punkt notiere deine Stärken. Ja, auch die hast du auf jeden Fall. Es kann deine ruhige, besonnene Art sein, deine vielfältigen Interessen, deine Fähigkeit, zuzuhören, deine Konzentriertheit etc. Oftmals ist unsere Stärke gerade das Gegenteil dessen, was uns fehlt. Deshalb müssen wir uns nicht innerlich klein machen, sondern viel mehr darauf konzentrieren, was uns groß macht. Um nochmal auf das vorherige Beispiel zurückzukommen: Wenn du beispielsweise als Schwäche an dir wahrnimmst, dass du nicht besonders komisch bist, keine lustigen Anekdoten erzählen, du Leute nicht gut unterhalten kannst, dann ist deine Stärke vielleicht genau diese Ernsthaftigkeit, die manche Leute ebenso schätzen wie Humor – vielleicht sogar noch mehr.

Mission: Überschreite deine persönliche Grenze und spreche Fremde an!

Deine zweite wichtige Mission für diesen Tag ist es, drei fremde Menschen einfach anzusprechen. Das kann jeder beliebige sein. Versuche einen Small Talk mit dem Briefträger, grüß jemanden im Supermarkt und unterhalte dich über das Wetter, sage jemandem ein nettes Kompliment usw. Es muss gar keine großartige Überwindung sein, Small Talk lässt sich hervorragend mit jedem üben, der dir begegnet. Die Reaktionen können unterschiedlich sein. Vielleicht entspinnt sich ein nettes Gespräch, vielleicht erntest du auch nur Schulterzucken. Doch darauf kommt es nicht an. Es geht nur darum, sich zu überwinden, sich etwas zu trauen und dabei zu merken, dass nichts passiert. Im Gegenteil: Du wirst positive Erfahrungen sammeln und feststellen, dass es keine „Zauberei" ist, Fremde anzusprechen.

Beende diesen ersten Tag deiner Challenge nicht, bevor du deine beiden Missionen erfüllt hast!

Meine Erkenntnisse:

____

____

____

____

____

____

____

____

2. Tag: Ziele setzen: Wo will ich hin?

Es ist ja logisch: Wenn ich nicht weiß, wohin ich will, ist es nicht sinnvoll, schon loszulaufen. Bevor wir irgendwohin fahren, programmieren wir unser Navigationssystem oder studieren die Landkarte. Zu wissen, was das Ziel ist, ist die Voraussetzung dafür, welchen Weg wir einschlagen. Daher ist es für den heutigen Tag wichtig, deine persönlichen Ziele zu definieren.

Briefing: Das richtige Ziel definiert deinen Weg.

Es heißt oft, der Weg sei das Ziel. Das mag häufig auch der Fall sein. Doch in diesem Fall ist es nicht so. Wenn du deine Schüchternheit überwinden willst, hast du ein konkretes Ziel. Um zu wissen, wie du diese große Mission bewältigst, musst du kleine Ziele setzen. Denn die Überwindung deiner Schüchternheit gelingt dir nur, wenn du die Person wirst, die du sein möchtest.

In einem Veränderungsprozess stellen wir häufig fest, dass wir gar nicht die richtigen Ziele haben. Wir fokussieren uns oft auf die falschen Ziele und wundern uns, dass wir das große Endziel niemals erreichen. Um zu veranschaulichen, was ich meine, komme ich nochmal auf das Beispiel vom Vortag zurück. Nehmen wir einmal an, du glaubst, du müsstest unterhaltsamer, lustiger, gewinnender sein, um vor anderen Menschen erfolgreich sprechen zu können, dann könnte dein leichtfertig gesetztes Ziel lauten: „Ich will unterhaltsamer, witziger werden.“ Doch nicht jeder ist als Humorist geboren, und wenn du eher der ruhige, ernsthafte Typ bist, wird dein Auftreten mit Sicherheit krampfhaft lustig und wenig authentisch sein. Menschen, die mit dir zu tun haben, werden spüren: Das bist nicht du. Der Erfolg wird gleich Null sein.

Wichtig ist es also, deine persönlichen Ziele zu definieren. „Ich will jemand sein, dem andere gerne zuhören“, kann ein solches Ziel sein, denn dann stellt sich als nächstes die Frage, was dich ausmacht und welche Fähigkeiten du nutzen kannst, um dein Ziel zu erreichen.

Mission: Definiere deine persönlichen Ziele.

Du musst nun wieder zu Blatt und Papier greifen. Schreibe ganz oben auf das Blatt die Frage an dich selbst: Was sind meine Ziele? Übertreibe es dabei nicht, sondern konzentriere dich zunächst auf höchstens drei große Ziele, die mit deiner Schüchternheit zusammenhängen. Werde dabei so konkret wie möglich. Einfach nur: „Ich will Menschen ansprechen können“, reicht als Leitfaden nicht aus. Finde persönliche Ziele wie „Ich will mich auf der nächsten Party von XY mit den verschiedenen Personen unterhalten, die ich nicht kenne“ oder „Ich will mit hübschen Frauen / attraktiven Männern flirten können“ oder „Ich will im Business Meeting den Mund aufmachen und sagen, was ich von dem Projektverlauf halte.“

Da du dich geraume Zeit mit deiner Schüchternheit beschäftigst, wird dir dieses sicher leichtfallen. Doch nun kommen wir zur zweiten Frage an dich selbst: Warum sind diese eben genannten Ziele so wichtig? Was versprichst du dir davon? Auch hier schreibst du dir konkrete Antworten auf. Du möchtest auf einer Party vielleicht mit anderen ins Gespräch kommen, weil du dann deutlich unterhaltsamere Abende hast. Du wirst dann sicher nicht mehr nur in der Ecke sitzen und auf die Uhr schauen. Wenn es dir gelingt, mit dem anderen Geschlecht zu flirten, wirst du selbstsicherer werden und auch endlich jemanden kennenlernen. Wenn du im Meeting den Mund aufmachst, wird der Chef dich wahrnehmen. Das alles könnten mögliche Beweggründe für deine Ziele sein. An diesem Punkt wirst du feststellen, wie wichtig deine Ziele tatsächlich für dich sind.

Als nächstes schreibe auf: Wo siehst du dich in zehn Jahren, wenn du weiter machst wie bisher? Das tut weh und wird sicher eine frustrierende Notiz. Denn du hast dich ja nicht ohne Grund für diese Challenge entschieden. Aber es ist auch wichtig, sich einzugestehen, dass die Zukunftsaussichten wenig vielversprechend sind, wenn du deine Ziele nicht umsetzt.

Als letztes folgt die Frage an dich: Wo stehe ich in zehn Jahren, *wenn* ich meine Ziele erreiche? Was wird anders sein? Nun entwirfst du also ein neues Szenario: gelingt es dir, die eben formulierten Ziele umzusetzen, was wird sich dann an deiner Zukunft ändern?

Es kann sein, dass du bei diesen Überlegungen feststellen wirst, dass du einzelne Ziele verändern musst, dass du vielleicht falsche Ziele hattest, die dich nicht weiterbringen. Das ist in Ordnung. Wichtig ist nur, nun, mit Ende dieser ersten Mission, deine konkreten Ziele vor Augen zu haben.

Mission: Nehme Blickkontakt auf.

Du bist dir deiner selbst heute bewusster geworden. Nun werde dir in der zweiten Mission der anderen bewusster. Spreche heute nochmal fünf dir völlig fremde Menschen an. Konzentriere dich dabei auf den Blickkontakt. Versuche, allen in die Augen zu schauen, und zwar so, dass du ihre Augenfarbe erkennen kannst. Die Kunst liegt darin, Menschen nicht anzustarren. Doch wenn du ihnen interessiert in die Augen siehst, werden sie dich als sympathisch und vertrauenswürdig empfinden, ohne dass ihnen das bewusst ist.

Als Königsdisziplin versuche heute, andere nur mit dem Blickkontakt auf dich aufmerksam zu machen. Wenn du im Café nach der Rechnung verlangen willst, vermeide es heute bewusst, nach der Kellnerin oder dem Kellner zu rufen, sondern nimm Blickkontakt auf. Du hast in einem Geschäft eine Frage: Nehme Blickkontakt mit der Verkäuferin auf und schaue fragend, auffordernd, so dass sie unweigerlich auf dich zukommt und dich fragt, wie sie dir helfen kann. Das mag zunächst schwierig sein. Aber gibt nicht auf. Auf diese Weise lernst du, mit den Augen zu sprechen, intensiven Blickkontakt aufzubauen und eine größere Präsenz zu entwickeln. Hier heißt es üben, üben, üben.

Meine Erkenntnisse:

3. Tag: Aufbruchsstimmung – Innere Signale setzen

Bist du bereit und fragst dich: Wann geht es denn nun endlich los? Bisher hast du nur reflektiert, dich selbst eingeschätzt, Ziele gesetzt. Aber nun geht es darum, dich zu verändern und deine Ziele auch umzusetzen. Der erste Tag der bewussten Veränderung beginnt heute. Und sie beginnt im Inneren.

Briefing: Ich kann, ich will, ich werde!

Wir alle haben das gleiche Problem: Grundsätzlich wissen wir, was wir falsch machen. Aber häufig fehlt uns die Motivation, etwas zu verändern. Hand aufs Herz: Wie oft hast du dir gesagt: „Eigentlich müsste ich …“, „Ich würde ja gerne“ oder „Ich sollte …“? Und, hast du? Wahrscheinlich nicht. Du nimmst dir vor, endlich mehr Sport zu treiben, und belässt es bei dem ein oder anderen halbherzigen Versuch. Du denkst, du müsstest eigentlich ein paar Kilo abspecken, aber so richtig gelingt dir die Umstellung nicht. Du möchtest dich beruflich verändern, aber du hast dir noch keinen Ruck gegeben, dich zu bewerben. Diese Liste ließe sich beliebig fortsetzen. Oft wissen wir nicht einmal, warum wir die guten Vorsätze so schnell an den Nagel hängen. Woran liegt das?

Der Grund ist, dass vieles in unserem Kopf zwar als Gedanke da ist, wir die notwendige Veränderung aber nicht verinnerlicht haben. Unsere Persönlichkeit besteht jedoch mehr als aus Verstand. Wir haben eine komplizierte Psychologie. Wenn wir keine Signale setzen, uns selbst nicht auf den Weg schicken, kann der pure Verstand wenig ausrichten.

Deshalb geht es am Tag 3 der Challenge darum, Signale zu setzen. Heute wirst du dir selbst den innerlichen Ruck geben, dein Leben zu verändern.

Mission: Raus aus der Routine!

Heute machst du bewusst Dinge anders. Das muss auch nicht unbedingt etwas mit deiner Schüchternheit zu tun haben. Es geht nur darum, dich aus der täglichen Routine zu befreien. Du frühstückst morgens immer das Gleiche? Dann probiere heute einfach etwas Neues aus. Teste eine neue Morgenroutine. Fahre einen anderen Weg zur Arbeit als sonst. Schalte einen anderen Radiosender ein oder kaufe dir ein Buch aus einem Genre, aus dem du bisher noch nie etwas gelesen hast. Gehe in der Mittagspause ganz woanders essen. Plane für den Abend etwas, was du noch nicht ausprobiert hast. Die Möglichkeiten sind nahezu unbegrenzt. Ganz gleich, was du machst, mache einfach Dinge anders als sonst.

Mission: Denke positiv!

Ist dir schon aufgefallen, dass du häufig viel zu negativ denkst? Das Problem ist, dass wir durch negatives Denken daran gehindert werden, unsere Ziele zu erreichen. Negatives Denken erzeugt Stress und macht uns unsicher. Die Erwartungshaltung, es sowieso nicht zu schaffen, sorgt dafür, dass wir wenig Selbstvertrauen und damit auch eine schwache Präsenz entwickeln. Das hängt unmittelbar mit deiner Schüchternheit zusammen. Wenn du glaubst, bei anderen nicht gut anzukommen, wirst du dich umso weniger trauen, den Mund aufzumachen. Und wenn du dich dann trotz dieser negativen Gedanken dazu überwindest, erlebst du häufig diese frustrierenden Momente, in denen du stotterst, rot wirst, den Faden verlierst. Und das alles nur, weil du in Gedanken bereits dein eigenes Auftreten schlecht bewertet hast. Deswegen ist deine heutige zweite Mission bewusstes positives Denken.

Wenn du heute aufstehst, denkst du nicht „Gott, bin ich müde, heute Abend sollte ich früher ins Bett“ oder „Himmel, immer noch vier Tage, bis endlich Wochenende ist“, sondern „Heute wird ein super spannender Tag.“ Denke ganz bewusst: „Ich freue mich darauf, was mich heute erwartet.“

Schaue in den Spiegel und sage dir etwas Motivierendes: „Ich sehe super aus!“ „Ich bin gut gelaunt.“ „Ich stecke voller Power.“ „Ich nehme jede Herausforderung an.“

Gucke aus dem Fenster und sage dir laut: „Das wird ein großartiger Tag!“

Die Übung besteht darin, negative Gedankenstrukturen auszuschalten und positiven einen Raum zu geben. Auch im Hinblick auf diese Challenge. Sag dir nicht „Oh je, was wird der nächste Tag für eine Challenge bringen?“ oder „Ich werde das bestimmt nicht schaffen.“ Sondern sage dir selbst laut und deutlich: „Es geht los!“ „Ab heute lege ich die Schüchternheit ab, Tag für Tag ein bisschen mehr.“ „Ich bin bereit.“

Meine Erkenntnisse:

4. Tag: Das Auge hört mit: Das Äußere pflegen

Versteh mich nicht falsch: Es ist nicht wichtig, wie ein Adonis oder ein Topmodel auszusehen, um selbstbewusst zu sein und vor anderen Menschen etwas darzustellen. Aber dennoch ist das Äußere wichtig. An alten Redensarten ist etwas dran. Das gilt auch für „Kleider machen Leute“. Dein Äußeres ist nun einmal das, was andere zuerst an dir wahrnehmen. Auch wenn sie es nicht bewusst wollen, so bilden sie sich eine Meinung in den ersten Sekunden, in denen sie dich sehen. Und das, was sie sehen, soll nicht nur ihnen gefallen.

Briefing: Putze dich heraus!

Dein Selbstbewusstsein resultiert aus der Art und Weise, wie dich dein Umfeld wahrnimmt und wie es auf dich reagiert. Anhand dieser Reaktionen triffst du wiederum dein eigenes Urteil über dich. Wenn du das Gefühl hast, bei anderen Menschen gut anzukommen, wirst du immer selbstsicherer. Dass das Äußere durchaus auch eine Rolle spielt, ist bekannt. Versuche dich daran zu erinnern, wie es für dich als Zuhörer oder Zuschauer ist, einem Menschen zuzuhören, der etwas sagt. Was bleibt dir im Gedächtnis, auf welcher Basis bewertest du die Person, die vor dir steht? Das, was jemand inhaltlich sagt, ist nur ein kleiner Teil davon. *Wie* sie es sagt, ein weiterer. Aber auch die Optik trägt etwas zu dem Gesamteindruck bei. Aus diesem Grund solltest du dir ab heute mehr Mühe mit dir selbst geben.

Dabei geht es nicht nur darum, optisch vor anderen zu bestehen. Wenn du dich gepflegt und optisch ansprechend fühlst, verändert das auch deine Selbstwahrnehmung, und das führt dazu, dass du dich sicherer und wohler in deiner Haut fühlst. Für deinen Redeerfolg ist das nicht unwesentlich.

Mission: Pflege dich heute besonders sorgfältig.

Beginne diesen Tag mit einer besonders sorgfältigen Köperpflege. Nimm dir auch Zeit für besondere Pflegeeinheiten, für die du ansonsten wenig Zeit findest.

Kleide dich sorgfältig. Wähle dazu ein Outfit, in welchem du dich richtig wohlfühlst und gut bewegen kannst und das dich deiner Meinung nach perfekt repräsentiert.

Dann trete vor den Spiegel und flirte mit deinem Selbst. Lächele dir zu, nimm eine gerade, aufrechte und selbstbewusste Haltung ein und sage dir die Worte: „Ich bin super. Ich bin selbstbewusst, voller Power. Ich strahle etwas aus. Menschen bewundern mich, finden mich attraktiv und genießen es, mit mir zusammen zu sein. Ich bin perfekt, so wie ich bin.“

Wenn du bislang unter geringem Selbstwertgefühl leidest, wird dir diese Selbstdarstellung womöglich schwerfallen. Doch denke daran, dass du mit dir völlig allein bist. Niemand kann dich sehen oder hören, also trau dich einfach, dir selbst gegenüber etwas großspuriger aufzutreten. Je überzeugender du das machst, umso mehr Selbstsicherheit wirst du daraus ziehen. Und umso mehr wirst du daran glauben.

Mission: Verändere etwas an deinem Äußeren.

Heute ist der richtige Tag für eine neue Frisur, einen neuen Look, ein neues Outfit, das dich dazu bringt, dich verändert und vor allen Dingen gut zu fühlen.

Genieße das Gefühl, das dir dein verändertes, besseres Aussehen gibt. Wage dich danach erneut aus deiner Komfortzone – gehe raus und triff fremde Menschen. Lächele ihnen zu, sprich sie an. Probiere aus, wie dein verändertes, besseres Aussehen auf sie wirkt.

Meine Erkenntnisse:

____

____

____

____

____

____

____

____

5. Tag: Wer bin ich? Die eigene Identität definieren

Du bist, was du bist. Daran wird sich nichts ändern. Richtig? Nein, falsch! Tatsächlich bist du das, was du glaubst zu sein und was du anderen vermittelst. Das Problem ist, dass du Angst vor den Reaktionen deiner Zuhörer hast, weil du selbst nicht davon überzeugt bist, für andere interessant zu sein. Du ziehst diese Schlüsse aus deinen eignen Erfahrungen. Welche Menschen bleiben dir im Gedächtnis, nachdem sie etwas gesagt haben? Es sind die, so wirst du sicher antworten, die interessant sind. Und was macht Menschen interessant? Es ist ihre Geschichte, ihre Identität. Und diese Identität ist nichts, was sie von Mutter Natur einfach so mitbekommen haben, es ist noch nicht einmal das, was sie wirklich sind, sondern das, was sie dir über sich erzählen.

Briefing: Definiere deine (neue) Identität.

Wenn du vor anderen etwas sagst, ganz gleich, ob es sich um Small Talk auf einer Party, ein Meeting, eine Präsentation oder eine offizielle Rede handelt, hängt das Interesse deiner Zuhörer davon ab, ob sie dich als interessant beurteilen. Es sind meist die ersten wenigen Worte, die du sprichst, deine Antworten auf interessierte Nachfragen, deine persönliche Vorstellung, die darüber entscheiden, in welche Schublade sie dich stecken.

Wenn du negative Erfahrungen gemacht hast, wenn du bereits bei den wenigen Malen, in denen du das Wort ergriffen hast, das Gefühl hattest, deine Zuhörer zu langweilen, kann es daran liegen, dass du entweder die Situation falsch bewertet oder dich im Vorfeld falsch verkauft hast.

Denk einmal darüber nach: Wie stellst du dich üblicherweise den Menschen vor? Was antwortest du, wenn dir die Frage gestellt wird, woher du kommst, was du beruflich machst, wie du deine Freizeit verbringst? Diese Fragen begegnen uns im Alltag fast täglich, und meistens antworten wir mit einer Standardfloskel. Du bist wahrscheinlich ehrlich, gibst deinen Zuhörern eine knappe Zusammenfassung dessen, was du bist. Aber Hand aufs Herz: Wie interessant klingt das? Lässt du Raum für Rückfragen? Weckst du das Interesse? Was hebt dich von anderen Menschen ab?

Wahrscheinlich wirst du jetzt beim Nachdenken über diese Frage feststellen, dass deine Antworten bislang ziemlich eintönig gewesen sind und dass es daher kaum verwunderlich ist, dass du in wenigen Sekunden das Interesse deiner Zuhörer verloren hast.

Es ist Zeit, ihre Aufmerksamkeit zu gewinnen.

Mission: Lerne dich selbst kennen!

Deine erste Mission bedeutet wieder etwas Schreibarbeit. Nimm dir ein großes Blatt Papier und schreibe dir auf, wer du eigentlich bist. Dazu gehört eine Art Steckbrief: Was machst du beruflich? Was sind deine Interessen? Welches sind deine Hobbys? Was gibt es noch über dich zu sagen? Hast du eine bestimmte Leidenschaft, begeisterst du dich für etwas?

Trage deine Ergebnisse zusammen. Überlege dir als nächstes: Was davon ist wirklich interessant? Deine Briefmarkensammlung ist vielleicht deine persönliche Leidenschaft, reißt aber keinen wirklich vom Hocker. Es sei denn, es gibt eine interessante Anekdote dazu. Das heißt jedoch nicht, dass du nichts Interessantes zu erzählen hast. Wenn du dein eigener Zuhörer wärest, was würdest du dich gerne sagen hören? Was würde dich dazu bringen, dich interessiert nach vorne zu neigen und deine Aufmerksamkeit auf dich selbst zu lenken? Notiere auch das.

Mission: Definiere eine neue, interessantere Identität!

Sieh dir noch einmal deine Standartantworten auf häufige Fragen zu deiner Person an. Genau diejenigen, die du selbst als langweilig enttarnt hast. Frage dich nun, wie du diese Antworten spannender gestalten kannst.

Wichtig: Du solltest immer bei der Wahrheit bleiben, keine Märchen erzählen. Und du solltest auch nicht offensichtlich übertreiben. Es ist ganz sicher ein sehr schmaler Grat, aber mit etwas Überlegung wird es dir gelingen, eine spannende, nicht übertreibende Variante deiner Identität zu kreieren.

Deutlicher wird dies am folgenden Beispiel: Angenommen, jemand stellt dir die Frage nach deinem Beruf, und du antwortest wahrheitsgemäß, dass du im IT-Support tätig bist, wird das Gespräch an dieser Stelle wahrscheinlich enden. Spätestens jedoch nach ein oder zwei höflichen Nachfragen. Stattdessen könntest du jedoch antworten: „Ich rette tagtäglich das Internet, das andere durch Klicken auf den falschen Knopf kaputt gemacht haben“ wirst du erst einmal einen verdutzten Blick und dann interessiertes Nachfragen ernten. Natürlich hängt es auch von deinem weiteren Vorgehen ab, wie andere dich letzten Endes wahrnehmen, doch du bist schon einmal ein gutes Stück weiter, wenn du die Aufmerksamkeit deiner Zuhörer von Anfang an gewinnst.

Mission: Führe Selbstgespräche!

Klingt verrückt, ist aber eine nützliche Übung. Du hast deine Identität neu definiert, nun übe, wie du diese an den Mann oder an die Frau bringst. Sprich laut über dich und sei dein eigener Zuhörer. Wie klingt das Gesagte spritzig und interessant? Wie kommst du humorig oder fesselnd rüber? Wenn es dir hilft, rede über dich vor dem Spiegel. Verändere Gestik, Mimik, Nuancen, bis du selbst überzeugt von dir bist.

Meine Erkenntnisse:

6. Tag: Zeit für Stimmtraining

Um selbstbewusst zu sein, Schüchternheit zu überwinden und gewinnend vor anderen sprechen zu können, ist deine Stimme ein wichtiges Werkzeug, das du beherrschen musst. Und da wird es schwierig bei den meisten.

Briefing: Lerne, deine Stimme zu kontrollieren.

Deine Stimme ist dein Kapital. Deshalb hilft dir die heutige Mission, deine Stimme zu kontrollieren und damit überzeugender zu sprechen. Schon allein mit diesen wenigen Übungen, die du am heutigen Tag durchführen sollst, wirst du eine enorme Verbesserung deiner Sprechqualität feststellen können.

Die Stimme ist tatsächlich sehr wichtig. Menschen, die gute Redner sind, zeichnen sich vor allen Dingen durch ihre Sprechweise aus. Wenn du kein erfolgreicher Redner bist, leidest du unter einem der folgenden Probleme:

- Deine Stimme ist zu leise.
- Du redest zu schnell und zu hektisch.
- Deine Stimme ist zu monoton.
- Deine Stimme klingt unsicher.

Damit wären die typischen Redner-Probleme zusammengefasst. Die gute Nachricht: Gegen alle kannst du etwas tun.

Mission: Mache folgende Stimmübungen!

Heute trainierst du deine Stimme. Alles, was du dazu brauchst, ist Zeit, einen Internetzugang, eine Aufnahmemöglichkeit (Handy mit Diktierfunktion reicht aus) und einen Raum, in dem du ungestört bist und sicher vor unerwünschten Zuhörern.

Bereit? Dann lass uns die genannten Probleme angehen. Abhängig davon, was dein individuelles Problem ist, solltest du folgende Übungen machen. Wenn du dir unsicher bist, wie du beim Reden klingst, mach einen Aufnahmetest. Stelle dich hin, suche dir einen Text aus dem Internet, den du vorliest. Wenn du eher freies Sprechen üben willst, überlege dir, was du sagen möchtest, und sprich dieses in deiner gewohnten Weise, während du es aufnimmst. Nun höre dir die Aufnahme an. Wenn du dich bis dato noch nie selbst hast sprechen hören, wirst du mit Sicherheit überrascht sein, wie du dich anhörst. Identifiziere deine Rede-Probleme auf diese Art und mache dann die folgenden Übungen dazu.

Problem: Deine Stimme ist zu leise.

Wenn du zu leise sprichst, ist klar, dass du das Interesse deiner Hörer verlierst. Wenn dich niemand versteht, wird sich auch keiner für dich und das, was du zu sagen hast, interessieren. Außerdem wirkst du, wenn du leise sprichst auch unsicher und ängstlich.

Übung: Stelle dich aufrecht hin. Strecke deinen Rücken, hebe das Kinn, straffe die Schultern. Atme tief in den Bauchraum ein. Das alleine muss manchmal geübt werden. Atme langsam und gleichmäßig. Beobachte, wohin die Luft, die du einatmest, fließt. Hebt und weitet sich dein Brustkorb, atmest du nicht tief genug in den Bauchraum hinein. Erst wenn sich dein Bauch deutlich weitet, atmest du richtig, um die notwendige Resonanz aufzubauen.

Nun platziere dein Aufnahmegerät einige Schritte von dir entfernt und stelle auf Aufnahme. Sage nun einen Satz deiner Wahl laut und deutlich in Richtung des Geräts. Höre dir die Aufnahme an. Bist du gut verständlich? Jetzt mache eine Gegenprobe, indem du eine zweite Aufnahme produzierst. Dieses Mal sprichst du den Satz nicht in Richtung des Geräts, sondern stellst dir einen Punkt oberhalb davon vor. Nun sprichst du deinen Satz und stellst dir dabei vor, du würdest deine Worte nicht zum Gerät sprechen, sondern auf diesen Punkt hin im hohen Bogen werfen, wie einen Ball. Um den „Wurf" deiner Worte besser zu visualisieren, kannst du den Daumen und den Zeigefinger deiner rechten Hand zusammenführen, als würdest du einen Dartpfeil halten. Halte diesen „Dartpfeil" vor deinen Mund und werfe ihn mit Schwung zusammen mit deinen Worten in Richtung des imaginären Punktes oberhalb deines Aufnahmegerätes. Höre dir die Aufnahme an. Wenn du alles richtig gemacht hast, wirst du feststellen, dass sich die zweite Aufnahme viel deutlicher und lauter anhört.

Wiederhole diese Übung und trete dabei immer drei Schritte weiter vom Aufnahmegerät weg. Wenn deine Stimme auch am Schluss noch kräftig und gut verständlich klingt, hast du dein individuelles Tagesziel erreicht.

Problem: Du redest zu schnell und zu hektisch.

Das ist ein häufiges Problem. Es basiert einerseits auf Unsicherheit. Wenn du ängstlich bist, bleibt dir die Luft weg, du atmest schnell und flach und redest dadurch auch schnell und hastig. Auch kann das schnelle Reden auf deiner Angst basieren, dass unsere Zuhörer uns langweilig finden könnten. Instinktiv versuchen wir, schneller fertig zu werden mit dem, was wir sagen wollten. Ein weiterer Grund für zu schnelles Reden ist falsche Selbstwahrnehmung. Du kennst das sicher, dass du auf Aufnahmen deine Stimme ganz anders hörst als so, wie sie normalerweise in deinen Ohren klingt. Menschen, die schnell sprechen, registrieren das gar nicht mehr, sondern meinen, dass sie eine normale

Sprechgeschwindigkeit haben. Allerdings sind sie für andere nicht gut verständlich.

Übe dieses wieder mit einem Satz. Dafür brauchst du einen besonders langen Satz, denn hier ist die Gefahr besonders hoch, dass du zu schnell redest. Schalte das Aufnahmegerät an und sprich den Satz: „Ich muss nicht schnell sprechen, nur weil ich Angst habe, dass andere das Interesse an meiner Rede verlieren und dann mittendrin mental abschalten, sondern ich kann mir Zeit lassen und meinen Satz in Ruhe fertig formulieren.“

Auch hier hilft es, die Aufnahme anzuhören und bei erneuten Sprechproben die eigene Geschwindigkeit immer wieder zu regulieren.

Problem: Deine Stimme klingt zu monoton.

Nichts schläfert deine Zuhörer mehr ein als eine monotone Stimme. Um herauszufinden, ob genau das dein Problem ist, suche dir im Internet eine Geschichte heraus. Es ist ganz egal, ob es sich um eine spannende Krimigeschichte oder ein Märchen handelt. Schalte dein Aufnahmegerät an und lies die Geschichte vor. Höre dir später deine Aufnahme an und entscheide selbst, wie lebendig und fesselnd du klingst. Du merkst, dass sich deine Stimme gleichbleibend und langweilig anhört? Dann mache folgende Übung: Höre dir Texte von Sprechern und Erzählern an, die du magst. Tipp: Es gibt professionelle Märchenerzähler, die die Kunst des Geschichtenerzählens perfekt beherrschen. Videos findest du zahlreiche im Internet. Höre dir das genau an und merke dir, worin der Unterschied zu deiner eigenen Aufnahme liegt. Was fällt dir besonders auf? Woran liegt es, dass diese Sprecher dich fesseln? Was macht ihre Stimme lebendig? Für den Anfang kannst du diese Vorbilder kopieren. Sprich den Text nach und versuche, auf die gleiche Art und Weise zu betonen. Du wirst womöglich überrascht sein, wie unnatürlich sich diese Art zu sprechen für dich anhört. Aber nach und nach wirst du die lebendige Erzählweise verinnerlichen.

Problem: Deine Stimme klingt unsicher.

Kommen wir zur letzten Aufnahmeübung. Stelle dir vor, du sollst einen imaginären Zuhörer von einem Thema überzeugen. Überzeuge beispielsweise einen Raucher zum Nichtrauchen, erläutere eine persönliche Einstellung oder versuche, einen anderen Menschen für dein Hobby zu begeistern. Was immer du dir auch vorstellst, es muss eine gewisse Schwierigkeit darstellen, jemanden völlig überzeugen zu wollen. Höre dir wieder die Aufnahme an. Was fällt dir auf? Klingst du an manchen Stellen unsicher? Geht deine Stimme an bestimmten Stellen am Ende des Satzes leicht nach oben, als würdest du eine Frage stellen? Wirst du zum Ende eines Satzes leiser? Alles dies verdeutlicht deine Unsicherheit. Das spüren auch deine potenziellen Zuhörer. Sie werden dich weniger ernst nehmen. Mache auch hier mehrere Aufnahmen nacheinander und konzentriere dich darauf, fest und sicher zu sprechen und am Ende eines Satzes mit der Stimme herunterzugehen.

Bei der Gelegenheit überprüfe, wie häufig du Füllwörter und so genannte Stopper verwendest. Das bedeutet, wie oft sagst du „Ähm“, „Äh“, „Tja“, „Na ja“ und ähnlich überflüssiges Zeug, das dich unsicher erscheinen lässt? Versuche, dich darauf zu konzentrieren, solche Füllwörter wegzulassen.

Merke: Um ernst genommen zu werden und deine Zuhörer zu fesseln, musst du ruhig, deutlich und laut, betont und selbstsicher sprechen.

Vermutlich wird deine Stimme nach diesem einen Tag nicht perfekt sein. Aber du wirst deutliche Verbesserungen feststellen und vor allen Dingen sensibilisiert sein. Jedes Mal, wenn du sprichst, wirst du dir diese heutigen Erkenntnisse in Erinnerung rufen und dich auf deine Sprechweise viel bewusster konzentrieren.

Meine Erkenntnisse:

7. Tag: Annäherungsängste überwinden

Wer schüchtern ist, leidet vor allen Dingen unter Annäherungsängsten. Du kennst das: Es fällt dir schwer, Fremde anzusprechen. Es kostet dich Überwindung, das Wort zu ergreifen, auf dich aufmerksam zu machen. Zu groß ist die Angst vor der Reaktion deines Gegenübers, davor, was er bzw. sie über dich denken könnte. Menschen, die unter Annäherungsängsten leiden, verspüren diese Angst nur, wenn es wirklich um etwas geht. Etwa, wenn sie eine attraktive Frau oder einen attraktiven Mann ansprechen wollen, wenn sie ein wichtiges Meeting vor sich haben, bei dem sie etwas vor versammelter Belegschaft darlegen müssen oder auch, wenn es darum geht, vor vielen Menschen eine Rede zu halten und sich auf diese Weise einer ganzen Gruppe annähern zu müssen – wenn auch nicht körperlich, so doch geistig. Menschen, die hingegen unter besonders extremen Annäherungsängsten leiden, werden ständig von ihrer extremen Schüchternheit gepeinigt. Das kann sogar so weit gehen, dass sie eine innere Scheu verspüren, in einem Lokal nach der Bedienung zu rufen, oder jemand Fremden um einen Rat oder einen Weg zu fragen. Es ist in allen Fällen die Angst, sich anderen zu nähern. Und hinter dieser Angst steht immer die Sorge: „Was mag derjenige über mich denken?“

Briefing: Ängste überwinden bedeutet, sie zu besiegen.

Angst ist nichts Schlechtes, sondern ein ureigenes Warnsystem. Unsere Angst hält uns auf instinktive Weise davor ab, uns in Gefahr zu begeben. Das gilt tatsächlich auch für deine Redeangst. Dahinter steht die Angst vor dem Verlust des Ansehens, vor der Demütigung, vor seelischer Verletzung. Auch das ist gut, denn wer will immer wieder gedemütigt und blamiert werden? Die Angst zwingt uns, besonnen zu sein, über unsere Worte und Handlungen nachzudenken, sie mit Bedacht zu wählen und auszuführen. Doch gleichzeitig bremst uns die Angst auch aus und hindert uns daran, uns weiterzuentwickeln, schlimmstenfalls Erfolg zu haben.

Dabei ist es wichtig zu verstehen, welches Bewusstsein in uns diese Angst erzeugt. Es ist die Kombination aus einschränkendem und freiem Bewusstsein.

Das einschränkende Bewusstsein ist subtil und instinktiv. Unter Anspannung nervös zu sein, ist normal und Teil unseres einschränkenden Bewusstseins. Dieses Bewusstsein schützt uns vor Gefahr. Dem gegenüber steht das so genannte freie Bewusstsein. Dieses ist nicht instinktiv, sondern erlernt. Es ist eine überlegtere Angst. Wir stellen uns die Frage, inwieweit die bevorstehende Situation schaden kann – hinsichtlich Karriere, Ansehen, Geld und Sexualität. Man könnte also, um es negativ auszudrücken, sagen, dass das freie Bewusstsein einen berechnenden Charakter hat.

Halten sich einschränkendes und freies Bewusstsein die Waage, besitzen wir eine leichte Angst, einen gesunden Respekt vor Herausforderungen. Doch wenn die einschränkenden Gedanken überwiegen, wenn wir Sklave der limiting beliefs sind, haben uns unsere Ängste im Griff.

Mission: Gib dem einschränkenden Bewusstsein ein Gesicht!

Frage dich ernsthaft: Was schränkt dich ein? Welche Ängste stehen hinter deiner Schüchternheit? Sicher gibt es bestimmte Lebenssituationen, in denen dich deine Schüchternheit besonders hemmt. Das kann eine Flirtsituation sein, eine berufliche Herausforderung oder auch das Referieren in der Universität – für jeden Menschen hat die Schüchternheit ein anderes Gesicht. Was auch immer es bei dir ist: Was genau hemmt dich? Welche Angst hast du? Versuche, deine Ängste in Worte zu fassen. Frage dich ernsthaft: Wovor habe ich Angst? Was kann mir schlimmstenfalls passieren?

Mission: Wecke dein freies Bewusstsein!

Gegen das angeborene Bewusstsein lässt sich wenig ausrichten. Doch was du gut steuern kannst, ist dein freies Bewusstsein. Versuche aufkommenden Ängsten bewusst ein Contra entgegenzusetzen. Wenn du instinktiv in einer Situation, in der dich deine Schüchternheit hemmt, denkst: „Ich mache mich bestimmt lächerlich“, dann setze diesem Gedanken bewusst den Gedanken gegenüber: „Niemand wird sich lustig über mich machen, weil das, was ich sage, weder dumm noch lächerlich ist!“

Wenn du vor einer Situation eine instinktive Angst verspürst, sage dir selbstbewusst: „Es kann mir nichts passieren.“ Präge dir in deinem freien Bewusstsein die Sätze ein:

„Wer nicht wagt, der nicht gewinnt“

„Ich kann nur gewinnen.“

„Geht nicht, gibt’s nicht.“

„Fehler sind nicht schlimm. Schlimm ist, es nicht versucht zu haben.“

Vielleicht gibt es weitere Sätze, die in deiner konkreten Situation helfen, dein einschränkendes Denken zu überlisten und ihm freie, stärkende Gedanken gegenüberzustellen.

Mission: Überwinde dich heute mindestens dreimal!

Deine dritte Mission für heute: Überwinde deine Annäherungsängste heute mindestens dreimal. Wenn du Angst hast, Frauen bzw. Männer anzusprechen, so überwinde dich heute, mindestens drei Frauen oder Männern ein Kompliment zu machen. Wenn du Angst hast, dich im Beruf zu behaupten, so suche heute drei berufliche Situationen, in denen du deine Meinung vor anderen vertrittst. Das kann für den Anfang auch nur ein Kollege oder eine Kollegin sein. Es spielt erst einmal keine Rolle, vor wie vielen Menschen du das tust. Wichtig ist, dass du dich heute deiner Angst stellst und genau das machst, wovor du dich fürchtest. Damit beweist du dir, dass die Situation gar nicht so beängstigend ist wie befürchtet.

Meine Erkenntnisse:

____

____

____

____

____

____

____

____

8. Tag: Positive Selbstmotivation

Wie du inzwischen festgestellt hast, ist deine innere Einstellung ein ausschlaggebender Punkt für deinen Erfolg. Hier machen wir an diesem Tag weiter.

Briefing: „Ich schaffe das!“

Wir sind ständig im Dialog mit uns selbst, teils bewusst, meist unbewusst. Und wir sind Meister darin, uns zu schwächen und zu lähmen. Stimmt nicht? Dann denke darüber nach, wie du in der Regel deinen Tag beginnst, wenn du vor einer unangenehmen Aufgabe stehst. Wenn du weißt, dass du heute mit deiner Schüchternheit, deiner Redeangst konfrontiert werden wirst, sind deine ersten Gedanken vermutlich am Morgen: „Oh je, hoffentlich schaffe ich das.“ Oder auch: „Wenn der Tag doch schon vorbei wäre!“ Es folgen schwächende Gedanken wie: „Was ist, wenn etwas schiefgeht?“ „Was mache ich, wenn ich mich blamiere?“ „Das muss heute funktionieren, sonst habe ich ein Problem!“

Mit solchen Gedanken kommst du nicht weiter. Sie ziehen dich runter und du vermittelst deinem Selbst das Gefühl, es ohnehin nicht zu schaffen, und du setzt die Messlatte mit „ich muss“ gleich so hoch, dass du wie gelähmt bist und gar nicht weißt, wie du weiter vorgehen sollst.

Finde einen Mittelweg. Motiviere dich. Sage dir, dass du schaffen kannst, was du dir vorgenommen hast, gehe dabei schrittweise vor.

Mission: Finde dein persönliches Morgenmantra zur Selbstmotivation.

Ein Mantra ist ein Satz oder ein Wort, welches du dir selbst immer wieder sagst, um dich in eine positive Stimmung zu bringen. Das kann beispielsweise etwas sein, das dich beruhigt, etwas, das dir Power gibt, das dir Energie verleiht etc. Ganz davon abhängig, was du erreichen möchtest. In diesem Fall brauchst du Power und Energie.

Mach es dir nicht zu schwer, wähle einfache, wirkungsvolle Sätze. Gute Beispiele dafür sind:

„Ich schaffe das!“

„Ich nehme das heute in Angriff!“

„Ich werde heute den Mund aufmachen!“

„Heute traue ich mich.“

„Ich kriege das hin!“

Es hängt ganz davon ab, welcher Situation du dich stellen willst. Streiche vage Aussagen wie „ich sollte“, „ich müsste“ oder „ich möchte“. Sei dir gegenüber klar und unmissverständlich. Dann kannst du innerlich auch keinen Rückzieher machen. Vermeide es, dich unter Druck zu setzen, indem du dir sagst: „Heute werde ich Erfolg haben.“

Willst du deine Schüchternheit überwinden, um eine Frau oder einen Mann, die/den du bereits länger im Fokus hast, anzusprechen, sage dir nicht: „Heute werde ich sie/ihn für mich gewinnen und zu einem Date einladen“, sondern „heute spreche ich sie/ihn an!“ Damit ist das Ergebnis offen. Und es spielt auch keine Rolle. Heute ist der Weg das Ziel, ganz gleich, welches Ergebnis er dir bringt.

Darfst du eine Präsentation während eines Meetings halten und fühlst dich gelähmt von deiner Redeangst, so wähle als persönlichen Motivationssatz nicht: „Heute reiße ich sie alle vom Hocker“, denn eine solche grundlegende Wandlung von der Redeangst zum Rhetoriker wird dir kaum gelingen. Stattdessen sage zu dir: „Ich schaffe das! Ich werde meine Präsentation halten, denn ich bin gut vorbereitet.“

Passe deine persönliche Selbstmotivation deiner individuellen Herausforderung an.

Meine Erkenntnisse:

____

____

____

____

____

____

____

____

9. Tag: Finde deinen Opener!

Der Opener, zu Deutsch Türöffner, tut genau das, was sein Name schon sagt: Er öffnet dir Türen. Der Opener ist nichts anderes als der Beginn des Gesprächs oder der Rede, dein Einstieg. Viele Leute machen sich hier kaum Gedanken und verwenden irgendeine Floskel, wenn sie mit anderen ins Gespräch kommen wollen. Oder sie starten ihre Rede, ihren Vortrag mit dem üblichen: „Guten Tag“ und steigen dann sofort in ein Thema ein. Häufig verlieren sie sich in langen Vorab-Erläuterungen und langweilen ihre Zuhörer bereits, noch ehe sie überhaupt zum eigentlichen Thema gekommen sind.

Der Opener ist also wichtig und entscheidet im Wesentlichen darüber, wie erfolgreich deine Rede oder deine Ansprache wird.

Briefing: Gut gestartet ist halb gewonnen.

Wir kennen das noch vom Sportunterricht: Beim Hundertmeterlauf ist es wichtig, wie gut du von der Startlinie wegkommst. Du erinnerst dich: „Auf die Plätze, fertig, los!“ Wenn hier nicht alles reibungslos läuft, ist die Zeit bereits zu schlecht, ganz egal, wie schnell du danach läufst. Es stellt sich immer die Frage: Wie gut kommst du vom Startpunkt weg?

Bei einem Gespräch, einem Vortrag oder eine Rede ist es nicht anders. Ein guter Opener hilft dir, in deine Rede einzusteigen. Er dient dazu, deine Zuhörer einzufangen und sie für dich zu interessieren.

Ein guter Opener erfüllt hierbei vier grundlegende Anforderungen:

1. Er ist locker und unverfänglich.

2. Er weckt die Neugier und das Interesse der Zuhörer.

3. Er ist der ideale Startpunkt für das Ziel deiner Rede oder Ansprache. Er führt dich dahin, wo du hinwillst.

4. Er gibt dir die perfekte Möglichkeit, dich zu präsentieren.

Das klingt komplizierter, als es ist. Ein Opener kann ein einfacher Satz sein. Hauptsache, er ist nicht phrasenhaft.

Dabei unterscheiden sich die Opener nach den Situationen, die du mit ihnen meistern willst. Es gibt grundsätzlich drei verschiedene Typen von Openern:

Der *direkte Opener* sagt klar und unmissverständlich, worum es geht. Der direkte Einstieg kann je nach Situation perfekt sein, um sofort das Interesse deiner

Zuhörer zu gewinnen. Er ist immer dann angebracht, wenn es zeitraubend und kontraproduktiv ist, um die Dinge herumzureden.

Der *indirekte Opener* ist unverfänglicher. Er ist in Situationen angebracht, in denen du dich vorsichtig an jemanden annähern möchtest. Wenn du beispielsweise einen Flirtversuch starten willst, wäre ein Opener wie „Hey, ich würde dich gern küssen“ wahrscheinlich nicht besonders erfolgreich und würde dir schlimmstenfalls eine Ohrfeige einhandeln. Indirekte Opener sind immer unverfänglich und klingen harmlos. Dein Gegenüber ahnt hier noch nicht, was du eigentlich von ihm willst. Dennoch sollte er oder sie interessiert sein. Der indirekte Opener wird also mit Bedacht gewählt und eingesetzt.

Die dritte Variante ist der *situationsbezogene Opener*. Es handelt sich hierbei um einen Opener, den du je nach Situation wählst. Wenn du beispielsweise mit einem Partygast ins Gespräch kommen möchtest, ist die Party selbst und das, was es darüber zu sagen gibt, der ideale Gesprächseinstieg. Da musst du keinen Umweg über das Wetter nehmen. (Dies nur so als Beispiel, das Wetter ist generell kein besonders origineller Opener.)

Mission: Kreiere deine Opener!

Ja, ein Opener sollte originell und spontan klingen. Doch das heißt nicht, dass er es wirklich *ist*. Gute Rhetoriker bereiten ihre Opener vor. Es handelt sich dabei nicht um Floskeln, die sie regelmäßig nutzen. Doch sie haben bereits eine kleine Palette an Openern parat, die sie je nach Situation und Anlass geschickt einsetzen.

Wenn du deine Schüchternheit überwinden willst, hast du sicher konkrete Situationen im Kopf, die du mit Ablauf dieser 30 Tage meistern möchtest.

Notiere dir je nach gewünschter Situation verschiedene mögliche Opener, also Gesprächseinstiege.

Beachte dabei, dass deine Opener den oben genannten vier Anforderungen entsprechen. Darüber hinaus sollten sie ein gewisses Maß an Individualität haben. Originell zu sein, bedeutet nicht, sich zu überschlagen vor Witz und Poesie. Es heißt nur: Nimm keine Standardfloskel. Gehe dabei von dir selbst aus. Wie sehr langweilen dich Ansprachen, Reden, Vorträge etc. die mit 1000mal gehörten Floskeln beginnen? In Situationen, in denen man subtil sein und nicht mit der Tür ins Haus fallen will, erreicht man mit einem derart langweiligen Opener genau das Gegenteil.

Überlege dir etwas, das nicht jeder verwendet.

Zweite Regel für deinen Opener: Sei authentisch. Du hast deine bestimmte Art, die dich auszeichnet. Der eine Mensch ist ruhig und besonnen, der nächste locker und witzig. Du hast bereits zu Beginn der Challenge herausgefunden, worin deine

Stärken liegen. Nutze Sie und finde deine persönlichen Opener, die zu dir und deinem Wesen passen. Alles andere wirkt aufgesetzt.

Es geht bei dieser Mission nicht darum, den einen perfekten Gesprächseinstieg zu finden. Formuliere ein paar verschiedene Varianten. Alle funktionieren. Das werden wir mit der zweiten Mission feststellen.

Mission: Teste deine Opener!

Nun geht es daran, deine Opener am Objekt zu testen. Verlasse also wieder deine Komfortzone und teste deine Opener. Das ist natürlich nur bedingt möglich, je nachdem, worin dein Schwerpunkt liegt. Wenn du deine Schüchternheit besiegen willst, um besser flirten zu können, ist es ganz einfach, denn attraktive Männer und Frauen triffst du überall. Das kannst du also direkt umsetzen. Auch generelle Gespräche mit Fremden lassen sich mit deinen neuen Openern gut ausprobieren.

Anders verhält es sich mit Reden, Ansprachen, Vorträgen. Natürlich kannst du deine Mission heute nicht direkt mit einem Referat an der Uni oder einem Vortrag in einem Meeting umsetzen. Doch auch hier lassen sich kleine Alltagssituationen als Testumfeld verwenden. Willst du deine Schüchternheit beruflich überwinden, kannst du Gespräche im Büro oder kleinere Meetings und Besprechungen nutzen, um deine Opener zu testen.

Notiere dir dabei immer die jeweiligen Reaktionen. So findest du heraus, was wirklich funktioniert hat und was nicht.

Die richtige Vorbereitung

Bereite dich auf deine Opener vor. Bevor du zu sprechen beginnst, solltest du auf deine Mimik, Gestik und Haltung achten. Nimm immer zuvor Blickkontakt auf. Das gilt in jeder Redesituation, ganz gleich, ob du auf einer Party jemanden ansprechen oder vor Hunderten von Menschen in einem Hörsaal sprechen möchtest. Sprichst du eine Person an, schau ihr direkt in die Augen, offen und freundlich. Sprichst du vor mehreren, lasse deinen Blick schweifen, sieh aber auch dabei den Zuhörern direkt ins Gesicht. Das wirkt sympathisch und aufgeschlossen.

Straffe deinen Körper und nimm Haltung an. Hebe den Kopf, atme tief durch, ehe du zu sprechen beginnst. Dieses kurze Innehalten hilft dir, dich zu sammeln und deinen Opener ruhig und konzentriert vorzubringen. Deine Zuhörer nehmen dich fokussiert und seriös wahr.

Noch ein Tipp: Es spielt eine Rolle, ob dein Opener für einen Monolog oder ein Gespräch gedacht ist. Hältst du eine Rede oder einen Vortrag, so ist es wichtig, mit dem Opener das Interesse zu wecken und die Menschen zum Zuhören zu bewegen. Wenn du hingegen ein Gespräch beginnen möchtest, ist es das Ziel, in

Dialog zu kommen. In diesem Fall sollte der Opener dazu Raum bieten. Nimm also keinen, auf den dein Gegenüber schlicht mit „Ja“ oder „Nein“ antworten könnte. Einsilbigkeit ist der Tod eines jeden Gespräches, und mit dem falschen Opener provozierst du dies. Hier lautet also die Devise, nicht nur das Interesse zu wecken, sondern auch dein Gegenüber dazu zu bringen, selbst etwas zu sagen. Der ideale Opener endet hier also eher mit einer Aufforderung oder einer Gegenfrage.

Meine Erkenntnisse:

___

___

___

___

___

___

___

___

10. Tag: Die Kunst des Small Talks

Du kennst diese Gesprächssituation nur zu gut: Du triffst jemanden auf der Straße, den du kennst, wenn auch nur flüchtig. Du bleibst stehen, sagst „Hallo“ und Sachen wie „Ach, was machst du denn hier?“ oder „Wie geht’s denn so?“ Und danach herrscht peinliches Schweigen oder eine ebenso peinliche Aneinanderreihung weiterer Floskeln. „Wie lange haben wir uns nicht gesehen?“ „Und, was machst du sonst so?“ „Wie geht es XY, hast du von dem nochmal was gehört?“ „Tja, ich muss dann mal weiter.“ Manchen Leuten sind solche Situationen derart unangenehm, dass sie lieber die Straßenseite wechseln oder so tun, als hätten sie den anderen nicht gesehen, nur, um diesem Small Talk auszuweichen.

Small Talk ist eine Kunst. Und sie sollte keineswegs unterschätzt werden.

Briefing: Der Small Talk – klein, aber fein!

Die Bezeichnung Small Talk erweckt den Eindruck, er sei nicht sonderlich wichtig, ein kleines, unaufgeregtes Gespräch, welches man getrost weglassen könnte, oder?

Tatsächlich ist der Small Talk selbst ein gnadenloser Türenöffner. Wenn du flirten möchtest, führt kein Weg am gekonnten Small Talk vorbei. Aber auch im zwischenmenschlichen Bereich ist Small Talk die häufigste Gesprächsvariante. Beruflich ist er elementar wichtig. Auf Messen, in Geschäftsterminen, bei Meetings und Tagungen ist der Small Talk dazu da, mit Geschäftspartnern und Kunden in Kontakt zu kommen und zu bleiben. Er ist ein Sprungbrett für erfolgreiche Vernetzung. Und er entscheidet darüber, wie uns unser Gegenüber wahrnimmt, ob wir sympathisch, kompetent und interessant wirken. Wenn du den Small Talk nicht beherrschst, bleibst du am Rande stehen, wirst übersehen und vergessen. Nicht nur auf Partys.

Das soll dir keine Angst einjagen, wenn du dich nicht für den begnadeten „Schwätzer“ hältst. Die gute Nachricht ist, dass sich Small Talk erlernen und leicht trainieren lässt.

Mission: Überlege dir gute Themen.

Deine heutige erste Mission ist wieder theoretisch. Denke an die Situationen, in denen du Small Talk betreiben musst und scheiterst. Partys, Flirtsituationen, berufliche Meetings etc. Wo besteht bei dir Verbesserungsbedarf? Überlege dir, was gute Themen für einen Small Talk wären. Aber es gibt zahlreiche weitere Aufhänger:

- Bezug auf die aktuelle Situation
- Lockeres Gespräch über kulturelle Angebote (Film, Theaterstück, Volksfest etc.)
- Restaurants und Freizeit
- Allgemeine Hobbys
- Kurzweilige Anekdoten
- Urlaub, Reisen, schöne Erlebnisse

Die Liste ließe sich beliebig fortsetzen. Wichtig sind dabei jedoch folgende Regeln:

- Führe elegant zu deinen Themen hin. Nutze kleine Aufhänger.
- Sprich die Dinge nur kurz an. Es ist ein Small Talk, kein Big Talk.
- Stelle Gegenfragen. Sprich mit deinem Gegenüber, führe keinen Monolog.
- Vermeide negative Themen. Kein Gejammer, kein Gemecker.
- Tabu sind: Gesundheitszustand, Lästereien, Klatsch und Politisches

Wenn du dir unsicher bist, denke an Menschen, die deiner Meinung nach den Small Talk gut beherrschen, und lerne von ihnen. Was sagen sie? Worüber sprechen sie? Wie beenden sie das kurze Gespräch?

Mission: Trainiere deine Small Talk Qualitäten

Du ahnst es bereits: Nachdem du dir deine Notizen zu möglichen Small-Talk-Themen gemacht hast, heißt es wieder, raus und testen. Das ist einfach, denn Small Talk kannst du an jeder Straßenecke betreiben, mit Bekannten wie auch mit Unbekannten.

Achte auch hier wieder auf deine Ausstrahlung. Sieh deinem Gegenüber in die Augen, lächele, zeige Interesse an ihm/ihr. Du kannst nichts verlieren. Wage dich auf diese Weise heute mindestens fünfmal an eine Gesprächssituation heran. Der Vorteil ist: Small Talks gelingen schnell und gut. Danach fühlst du dich sofort bestätigt, erhältst Auftrieb und gute Laune.

Meine Erkenntnisse:

____

____

____

____

____

____

____

____

11. Tag: Willst du gelten, mach dich selten – Du musst nicht zu allem was sagen!

Schon wieder so eine alte Redewendung. Willst du gelten, mach dich selten. Was bedeutet das konkret im Fall deiner Schüchternheit?

Während der Small Talk ständig und überall geübt und angewandt sein will, sind ernsthafte Reden und Gesprächsbeteiligungen dosiert einzusetzen. Sonst wirst du vom Rhetoriker schnell zum Schwätzer.

Briefing: Wer nicht immer und überall etwas beizutragen hat, wird gehört.

Menschen, die unter fehlender Selbstsicherheit leiden, begehen häufig die gleichen Fehler. Entweder sie ziehen sich zurück und trauen sich nicht, den Mund aufzumachen, oder sie kehren das ins Gegenteil um und meinen, sich immer und überall einbringen zu müssen und sich zwanghaft zu präsentieren.

Wenn du deine Schüchternheit überwinden und auf andere zugehen können möchtest, bedeutet das nicht, dass du das immer und überall tun musst. Mut zur Lücke! Nicht jeder ist Experte auf allen Gebieten. Nicht jeder kann etwas zu jedem Gespräch beitragen, das für seine Zuhörer einen echten Mehrwert beinhaltet. (Zum Thema Mehrwert kommen wir am Tag 14 der Challenge.)

Wer immer und überall präsent ist, wird langweilig und als zwanghafter Alleinunterhalter abgestempelt. Dann heißt es schnell „Der schon wieder." Wenn du dich hingegen gezielt nur da einbringst, wo du wirklich etwas zu sagen hast, kannst du dir sicher sein, dass man interessiert aufhorchen wird.

Mission: Finde deine Nische!

Auch hier kann ich dir keinen konkreten Tipp geben, denn es kommt sehr darauf an, welche Ziele zu verfolgst und worin du weniger schüchtern sein willst. Überlege dir für deine individuelle Herausforderung folgende Punkte, die du in dein persönliches Challenge-Tagebuch notierst:

- Welche Themen liegen mir?
- Wo habe ich wirklich etwas beizutragen?
- Wo liegen meine Stärken?
- Was ist meine Paradedisziplin?
- Wo kann ich anderen durch meine Aussagen echten Mehrwert bieten?

Die Notizen helfen dir, dich zu fokussieren. Richte dich nun darauf ein, bei den übrigen Themen nicht unbedingt etwas zu sagen. Das bedeutet nicht, dass du am Rand stehen musst. Ob in privaten Gesprächskreisen, auf Veranstaltungen, bei

Geschäftsessen oder auch in Meetings: Die Kunst besteht darin, Balance zu halten zwischen dem, was du zu sagen hast, und dem aktiven Zuhören. Wenn du zu einem Thema nichts beitragen möchtest oder kannst, zeige Interesse an denjenigen, die hier ihre Nische haben. Höre zu, schaue ihnen dabei in die Augen, zeige angemessene Reaktionen und stelle Rückfragen. Tatsächlich wirkt jemand, der aktiv zuhört, als ein interessanter Gesprächspartner.

Meine Erkenntnisse:

____

____

____

____

____

____

____

____

12. Tag: Das bist du – dein eigener Charakter in der Rede

Vorbilder zu haben ist gut und richtig. Von guten Rednern kannst du einiges lernen. Doch neben den Techniken, die du beim erfolgreichen Reden anwenden kannst und von denen du hier noch expliziter erfahren wirst, ist es ebenso wichtig, deinen eigenen Charakter in der Rede einzubringen.

Briefing: Charakter zeigen!

Die charismatischsten Menschen sind diejenigen, die authentisch sind und einen eigenen Charakter besitzen. Es ist immer gut, von guten und erfahrenen Rednern zu lernen, aber mindestens genauso wichtig ist es, deinen individuellen Stil zu finden. Zeige deinen Zuhörern mit jedem Wort, das du an sie richtest, wer du bist und was dich ausmacht.

Die Vorteile liegen auf der Hand: Wenn du deinen eigenen Charakter in deine Rede einfließen lässt, bist du authentisch und sympathisch. Du arbeitest deine Stärken heraus und nutzt sie, anstatt mit deinen Schwächen zu jonglieren. Dein Gegenüber nimmt dir das, was du sagst, ab und empfindet dich als seriös. Zudem sorgt der Charakter deiner Rede dafür, dass du nicht monoton und langweilig wirkst.

Mission: Beschreibe deinen Charakter!

Das ist eine schwierige Herausforderung. Nicht jeder ist in der Lage, sich selbst richtig einzuschätzen. Nutze dafür folgende Übung: Überlege dir eine kleine Rede zu einem Thema. Es kann eine ganz banale Geschichte sein, eine Stellungnahme, eine Anekdote, ganz egal. Nun führe wieder ein Selbstgespräch und halte die Rede vor dir selbst. Du musst dich nicht verstellen, du hast keine Zuhörer. Dir gegenüber kannst du völlig ehrlich und authentisch sein. Was fühlt sich „echt" an, was nicht? Welche Formulierung, welcher Stil bildet sich automatisch?

Du kannst auch gute Freunde und Familienangehörige befragen: Welche Charaktereigenschaften machen dich aus? Wie wirkst du? Bist du eher der lustige Typ oder der ernsthafte? Schätzt man eher dein Fokussiertsein oder deinen Hang zum Entertainment? Frage die richtigen Personen, und du wirst die richtigen Antworten erhalten.

Stöbere auch in deinen Erinnerungen. Worauf hast du gute Resonanzen erhalten? Im Freundes- und Familienkreis legen wir unsere Schüchternheit ab und können wir selbst sein. Frage nach, wie man dich sieht.

Schreibe dir vier Charaktereigenschaften auf, die du hast und von denen du möchtest, dass andere sie bemerken. Das Letztere ist wichtig, denn negative Charaktereigenschaften möchtest du ungern in einer Rede mitschwingen lassen.

Zeichne – symbolisch gesprochen – ein Bild von dir: Notiere dir, was dich ausmacht, welche Art zu reden deiner Persönlichkeit entspricht. Wähle einfache Adjektive, die du gut in deiner Rede umsetzen kannst wie locker, lustig, ernsthaft, konzentriert, sachlich, heiter etc.

Merke dir diese Adjektive gut. Wenn du eine Rede oder einen Vortrag hältst, solltest du dir deine Merkwörter ganz oben notieren, um dich selbst daran zu erinnern, wer du bist.

Mission: Finde Geschichten.

Gute Redner sind Geschichtenerzähler. Wenn du in einer Rede oder einem Vortrag Charakter zeigen willst, sind Geschichten unerlässlich. Überlege – je nach Art und Inhalt deines Vortrags – welche Geschichten interessant sein können und für die Rede einen Mehrwert bieten. Welche Storys sind interessant zu hören, weisen einen Bezug zur Rede auf und sind charakteristisch für dich? Hier darfst du ruhig persönlicher werden. Je individueller deine Story ist, umso authentischer wirkst du.

Vielleicht bist du an diesem Punkt zunächst ratlos und meinst, keine Geschichten zu haben. Doch das ist nicht richtig. Jeder Mensch, der bereits einige Jahrzehnte auf dieser Welt unterwegs ist, hat Geschichten zu erzählen. Es ist vielleicht nötig, dazu etwas in den Erinnerungen zu wühlen. Nimm dir heute Zeit dafür. Wenn du ein paar Geschichten gefunden hast, landen diese auf deiner persönlichen Memory-Liste. Du leistest heute eine Vorarbeit. Später wirst du auf deine Geschichten, die du gespeichert hast, beliebig zurückgreifen können.

Meine Erkenntnisse:

____

____

____

____

____

____

____

____

13. Tag: Reden üben

Selbstgespräche sind bei dieser Challenge unvermeidbar, das hast du bereits gemerkt. Heute beschäftigen wir uns konkret mit Reden und wie du sie planst und übst.

Briefing: Gut geplant ist halb gesprochen!

Aus dem Stand eine Rede halten zu können, ist wahrscheinlich niemandem gegeben worden. Wer eine solche Leichtigkeit an den Tag legt, hat dies nur oft genug geübt. Reden will geplant und geübt sein.

Irgendwann im Leben wirst du sicherlich vor der Herausforderung stehen, eine Rede halten zu müssen: auf einer Familienfeier, anlässlich einer Veranstaltung, vor Freunden, vor Kollegen, während eines Meetings, in der Universität usw. Mit Reden meine ich an diesem Punkt jegliche Form von einseitigem Vortrag, also der konkreten Situation, in der du vor anderen stehst und sprichst, während alle Augen auf dich gerichtet sind.

Für schüchterne Menschen ist dies die größte Herausforderung, das, wovor sie am meisten Angst haben. Es ist daher wichtig, absolut gut vorbereitet zu sein. Wenn du einen genauen Plan hast, hast du einen roten Faden, an dem du dich orientieren kannst. Du brauchst keine Angst zu haben vor peinlichen Pannen, vor Gesprächspausen, Aussetzern oder Lücken.

Mission: Plane eine Rede.

Wie du im Detail eine gute Rede aufbaust, lernst du in den nächsten Tagen. Heute geht es darum, ein Gefühl für die Planbarkeit zu entwickeln. Dazu möchte ich dich auffordern, dir zunächst zu überlegen, wo du am heutigen Tag eine kleine Rede unterbringen kannst. Das muss natürlich kein echter Vortrag sein. Aber mit Sicherheit triffst du heute Menschen, denen du etwas erzählen könntest. Vielleicht hast du für den Abend ein Treffen mit Freunden geplant, wirst den Abend aber auch vielleicht im Kreis der Familie verbringen. Womöglich steht heute ein Kundentermin ins Haus etc. An irgendeinem Punkt bist du mit anderen Menschen in Kontakt. Überlege dir, wann du ein bestimmtes Thema ansprechen kannst. Und dann plane diese Gesprächs- bzw. Redesituation so, als handele es sich um einen echten Vortrag.

Notiere dir zunächst die beiden wichtigsten Punkte:

1. Welches Thema hat meine Rede?

2. Was ist das Ziel der Rede?

Diese beiden Fragen stellst du dir immer, wenn du einen Vortrag hältst, ganz gleich, ob es beruflich oder privat, wichtig oder banal ist.

Des Weiteren sind folgende Unterpunkte wichtig:

- Wer sind die Zuhörer?
- Welchen Charakter hat die Rede?
- Wie lange soll sie dauern?

Nun hast du bereits ein wesentliches Raster, um deine Rede aufzubauen.

Dann geht es an die Details. Wie kann der Einstieg deiner Rede sein? Bedenke dabei, dass der Einstieg immer der Einstimmung auf das Thema dient.

Es gibt verschiedene Möglichkeiten:

- Die *episodische Einleitung*. Sie beginnt mit klassischen Formulierungen wie „Vielleicht haben Sie schon gehört, dass …", „Wussten Sie, dass …" Damit weckst du sofort die Aufmerksamkeit und bindest den Zuhörer ein.
- *Direkter Einstieg*. Der kann mit einer Aussage beginnen, die den Zuhörer überrascht. Eine These kannst du auf diese Weise an den Anfang stellen oder einen Fakt. Erst danach stellst du dich vor und beginnst die Rede wieder „von unten" einzuleiten. Dieser direkte Einstieg bietet dir die Möglichkeit, sofort Spannung aufzubauen. Im Fachjargon nennt man diese Methode auch „In mediares"-Einstieg.
- Die *rhetorische Frage*. Einen solchen Einstieg kennst du, er wird häufig angewandt, um den Zuhörer direkt anzusprechen und ihm auf emotionaler Ebene zu begegnen. Die rhetorische Frage beantwortest du mit der nachfolgenden Ausführung gleich selbst. Sie dient dazu, in dem Zuhörer den Gedanken zu wecken: „Richtig, das habe ich mich auch bereits gefragt." Oder „Interessante Frage, mal sehen, wie sie beantwortet wird."
- *Einstieg mit aktuellem Bezug*. Dabei kannst du dich auf aktuelle Themen und Zeitungsmeldungen berufen. Das geht nur, wenn es zum Thema gerade passt.
- Wenn es zu dir passt, kannst du deine Rede auch mit einem gut platzierten *Witz oder* einem *Zitat* beginnen. Damit bringst du deine Zuhörer in die gewünschte Stimmung. Auch eine kleine Anekdote erfüllt diesen Zweck, sofern sie nicht zu langatmig ist.

Opener gefunden? Dann erstelle für das eigentliche Thema im Folgenden einen Ablaufplan. Wie willst du das Thema präsentieren, wie aufbauen, wie zum Kernpunkt kommen?

Zum guten Schluss überlege dir, welche kleine Geschichte du einbauen kannst, um die Rede mit deinem Stil zu prägen.

Diese Mission ist nur eine kleine Übung. Natürlich soll daraus keine halbstündige Rede werden. Es geht darum, ein Gespür dafür zu entwickeln, wie du deine Rede planen kannst. Das führt unweigerlich zur zweiten Mission des Tages.

Mission: Halte deine Rede!

Nutze die Gelegenheit und teste aus, was du heute vorbereitet hast. Ergreife im Kreis der Kollegen, der Familie etc. das Wort. Lass es nicht wie eine einstudierte Rede klingen. Tue möglichst so, als sei dies eine spontane kleine Erzählung.

Wenn sich so gar keine Möglichkeit bieten sollte, eine kleine Rede im Alltag unterzubringen, dann bitte jemanden, dem du vertraust, ganz offiziell, sich deine vorbereitete Rede testweise anzuhören.

Der Sinn der Mission besteht darin, zu merken, wie sehr dir die Vorbereitung hilft und auch, inwieweit deine Planung realistisch umsetzbar war.

Meine Erkenntnisse:

____

____

____

____

____

____

____

____

14. Tag: Welchen Mehrwert biete ich meinem Zuhörer?

Steigen wir tiefer in die Thematik ein. Wenn du etwas sagst, eine Rede hältst oder auch nur eine Stellungnahme abgibst, steht immer die Frage im Raum: Welchen Mehrwert bietest du deinen Zuhörern?

Briefing: Bevor du etwas Unwichtiges sagst, sage lieber nichts!

Du kennst das doch sicher – Menschen, die ihren Kommentar dazu geben, ohne wirklich etwas Wesentliches beigetragen zu haben. Tagtäglich werden wir mit Informationen zugeschüttet, die wir gar nicht brauchen. Wenn du dich ab und an auf Social Media bewegst, hast du eventuell auch schon die Erfahrung gemacht, dass du auf einen reißerischen Titel hereinfällst und dann beim Klicken auf die besagte Seite feststellst, dass sie dir überhaupt keinen Mehrwert bietet. Ärgerlich so etwas. Diese Masche ist natürlich nicht neu. Viele Klatschzeitschriften verwenden diese Methode seit Jahrzehnten. Sie haben reißerische Titel, wenn du sie jedoch kaufst, stellst du beim Lesen des Artikels fest, dass nichts Inhaltsvolles dahinter steckt.

In der Medienwelt ist so etwas möglich, denn hier geht es alleine um den Verkaufsmoment. Ist die Zeitschrift gekauft, ist der Artikel im Internet angeklickt, wurde das Ziel bereits erreicht.

Bei einer Rede sieht es anders aus. Hier bist du auf das Interesse deiner Zuhörer permanent angewiesen. Sobald sie merken, dass deine Worte für sie keinen Mehrwert bieten, verlierst du ihre Aufmerksamkeit. Ab da wird es anstrengend und unangenehm für denjenigen, der gerade spricht.

Und die Zuhörer haben auch Recht mit ihrer Haltung: Wer hat schon so viel Zeit zu verschenken, dass er ewig jemandem lauschen will, der nichts zu sagen hat?

Halte dir dies vor Augen, wenn du sprichst.

Das lässt sich natürlich auch auf jeden beliebigen Alltagsmoment anwenden. Mehrwert heißt nicht immer gleich, dass du neue Informationen bereithalten musst. Der Mehrwert einer Frau bei einem Flirt kann sein, dass sie sich begehrt fühlt. Der Mehrwert eines Small Talks auf der Straße kann sein, dass dein Gegenüber danach fröhlicher ist. Der Mehrwert der Partygäste, mit denen du ins Gespräch gekommen bist, ist, dass sie sich amüsiert haben.

Mission: Entdecke deinen Mehrwert!

Heute musst du nicht viel machen, nur dich auf den Mehrwert fokussieren. Konzentriere dich auf die Frage: Was verspreche ich mir davon, wenn ich meine Schüchternheit ablege? Und weiter: Was hat mein Gegenüber davon?

Das ist eine interessante Fragestellung, und im ersten Moment magst du denken: „ICH will meine Schüchternheit ablegen. Wer sagt denn, dass der andere davon einen Mehrwert haben sollte?“ Aber hierbei handelt es sich um eine Kettenreaktion: Wenn du dich überwindest und dich traust, vor anderen zu sprechen, ihnen aber keinen Mehrwert bietest, werden sie desinteressiert reagieren. Entsprechend negativ werden deine Erfahrungen sein. Und das führt dazu, dass du dich in deiner Unsicherheit bestätigt fühlst.

Bietest du deinen Zuhörern aber einen Mehrwert, werden sie hingegen positiv reagieren. Und das fördert dein Selbstwertgefühl. So gelingt es dir, deine Schüchternheit abzubauen.

Meine Erkenntnisse:

____

____

____

____

____

____

____

____

15. Tag: „Kalte Deutung“ – Ich bin ganz auf deiner Wellenlänge!

Wann sind uns Menschen sympathisch? Wann reagierst du begeistert auf die Rede eines anderen, wann fühlst du dich berührt, begeistert, gut informiert? Richtig, wenn das, was gesagt wurde, etwas mit dir persönlich zu tun hat. So lange sich eine Rede oder eine Ansprache an der Oberfläche bewegt, verharren wir in einer ablehnenden Grundhaltung: „Was hat das Ganze mit mir zu tun?“

Das Geheimnis der kalten Deutung ist, vorzugeben, zu wissen, was der andere denkt.

Briefing: Die Kunst der kalten Deutung

Was ist die Kunst der kalten Deutung? Konkret geht es darum, deine Zuhörer zu charakterisieren und ihnen das zu sagen, was sie hören wollen. Sie sollen das Gefühl haben, von dir verstanden zu werden. Wenn du einen Vortrag hältst, sorgt eine geschickt eingesetzte kalte Deutung dafür, dass der Zuhörer sofort denkt: „Ja, genau, so geht es mir!“

Wenn du flirtest, sagst du mittels kalter Deutung genau das, was er oder sie gerne hört. Du weckst Emotionen, Begehrlichkeiten, Interesse.

Das ist natürlich schwierig, wenn man sich gar nicht kennt. Die Kunst besteht also darin, den grundsätzlichen Typus, der vor dir sitzt, zu verstehen und ihn auf eine Art anzusprechen, die konkret genug ist, dass er sich angesprochen fühlt, dennoch aber vage genug, um nicht komplett das Ziel zu verfehlen.

Das klingt nun komplizierter, als es ist. Einfacher wird es, wenn du die Mission des Tages befolgst.

Mission: Lese Horoskope!

Das mag dich heute überraschen. Aber tue es. Horoskope findest du in jeder Zeitschrift. Aber auch online gibt es viele kostenlose Angebote. Teilweise sind sie sehr persönlich, denn du gibst dein Geburtsdatum, dein Geschlecht etc. ein und erhältst dein persönliches Horoskop.

Tu einfach so, als glaubtest du daran. Was fällt dir auf? Gibt es in dem Horoskop tatsächlich aktuelle Bezüge? Beschäftigt dich gerade etwas, und das Horoskop trifft genau ins Schwarze? Ist vielleicht doch etwas daran?

Du magst glauben, was du möchtest, aber die eigentliche Kunst der Horoskope ist die perfekte kalte Deutung. Niemals wird ein Horoskop konkret. Es wird dir nicht sagen: Heute wirst du die Liebe deines Lebens treffen. Es wird dir eher raten:

Heute solltest du offen sein, es könnte jemand Wichtiges in dein Leben treten. Je nach Lebenssituation fühlst du dich hier individuell angesprochen. Und Aussagen wie „wenn du offen bist, könnte jemand in dein Leben treten" oder „dein Engagement könnte sich beruflich auszahlen" sind allgemeingültig und logisch.

Wir ziehen uns immer aus einer Aussage das heraus, was für uns individuell passend ist.

Wenn du dich in eine Situation begibst, in der du vor anderen reden oder jemanden ansprechen musst, solltest du dich dieser Methode bedienen. Überlege dir immer im Vorfeld – sofern das möglich ist –, wen du vor dir hast. Welcher Klientel gehören deine Zuhörer an? Warum sind sie hier? Was wollen sie vermutlich hören?

Es braucht etwas Erfahrung und Routine, um kalte Deutung geschickt anzuwenden. Doch es lässt sich gut üben.

Verwende dabei wenig konkrete Aussagen. Tu nicht so, als handele es sich um unwiderrufliche Fakten. Nutze Formulierungen wie „Ich habe den Eindruck, dass …", „Ich habe das Gefühl, dass …".

Je besser du dich in die Lage deines Gegenübers versetzt, umso mehr erreichst du ihn.

Meine Erkenntnisse:

____

____

____

____

____

____

____

____

16. Tag: Warum rede ich? Weg von der Selbstbestätigung

Was versprichst du dir davon, deine Schüchternheit abzulegen? Das ist eine interessante Frage, die dich verblüffen könnte. Warum wohl? Du willst ohne Angst auf andere zugehen können, du willst andere Menschen ansprechen, auf Partys nicht mehr schweigsam in der Ecke stehen, im Beruf erfolgreicher sein und von anderen wahrgenommen werden. Natürlich stehen diese persönlichen Interessen im Vordergrund. Dennoch solltest du an dieser Stelle deine Motive hinterfragen.

Briefing: Das unterscheidet den Redner vom Schwätzer.

Nochmal zurück zu deinen Motiven: Warum sprichst du? Warum willst du in den konkreten Situationen deine Redeangst überwinden?

Die Gründe dafür dürfen egoistisch sein. Wir alle ziehen aus den Alltagssituationen unseren Vorteil. Doch die Rede muss sowohl für dich als auch deinen Zuhörer einen echten Mehrwert haben.

Das Problem: Viele Menschen suchen häufig nur Selbstbestätigung. Sie hören sich gerne reden, weil sie das Gefühl haben, wichtig zu sein. Sie wollen in Meetings glänzen, damit sie sich wie ein „toller Hecht" fühlen. Sie wollen beim Flirten selbstsicher erscheinen. Hierbei handelt es sich um eine Einbahnstraße:

Ich überwinde meine Redeangst, um mein Selbstbewusstsein zu steigern. Höre ich mich reden, finde ich mich toll. Doch alle anderen sind lediglich genervt von mir. Ich drehe mich in meinem eigenen Universum. Merke ich das, werde ich umso frustrierter. Merke ich das nicht, werde ich eine dieser bedauernswerten Kreaturen, die sich selbst ganz großartig finden, mit dieser Meinung aber ganz alleine dastehen.

Das Selbstwertgefühl ist nicht das Ziel deines Sprechens. Es ist der positive Nebeneffekt, den du erzielst, wenn du deine Angst überwindest und erfolgreich zu reden lernst. Es ist also vielmehr ein Prozess.

Mission: Hinterfrage deine Motive!

Wann immer du heute das Wort ergreifst, halte vorher kurz inne und überlege dir genau, was du dir von der Situation erhoffst.

Du möchtest jemanden auf der Straße ansprechen und einen netten Small Talk führen. Tust du das, weil du dich dann als etwas Besonderes fühlst oder weil du den Kontakt zu anderen Menschen schätzt? Du gehst auf eine Party – möchtest du mit anderen ins Gespräch kommen, weil du die Gunst der Stunde nutzen möchtest, um dich selbst darzustellen, oder um einen unterhaltsamen Abend zu haben? Du willst im Meeting das Wort ergreifen? Geht es dir darum, dich in diesem Moment zu profilieren oder hast du eine Veränderung, die Wahrnehmung deiner Person und damit längerfristigen Erfolg im Visier?

Du hast verstanden, worum es geht? Dann weißt du auch, was der Unterschied zwischen einem Schwätzer und einem guten Redner ist.

Meine Erkenntnisse:

___

___

___

___

___

___

___

___

17. Tag: Klassische Fehler vermeiden

Bevor wir die Grundlagen ad acta legen – du hast bereits die Hälfte der Challenge erfolgreich hinter dich gebracht, gilt es, klassische Fehler zu vermeiden. Meist handelt es sich um Kleinigkeiten, die jeder hier und da falsch macht. Sie passieren sowohl bei großen Vorträgen als auch bei lässigem Small Talk.

Briefing: Klassische Fehler sind vermeidbar

Wirklich, klassische Fehler sind Kleinigkeiten! Mit wenigen Tipps und Tricks kannst du sie vermeiden und verbesserst augenblicklich deine Präsenz und deine Redequalität.

Zu den klassischen Fehlern einer jeden Rede oder jeden Gesprächs gehören:

- Unvorbereitet sein
- Flach atmen
- Leise sprechen
- Stimme am Ende eines Absatzes sacken lassen
- Zu schnell und hastig sprechen
- Füllwörter wie Ähm, und Äh benutzen
- Zu viel in kurzer Zeit einbauen / loswerden wollen
- Zu plump ins Thema einsteigen
- Zu langatmig sprechen
- Keinen Blickkontakt zu den Zuhörern halten
- Bei Reden: Zu sehr ablesen
- Bei Gesprächen: Kein Interesse zeigen, keine Gegenfragen stellen
- Nicht merken, wenn das Gegenüber das Interesse verliert
- Keinen Mehrwert bieten

Diese klassischen Fehler sprechen für sich. Einiges haben wir bereits angesprochen.

Mission: Werde dir dieser klassischen Fehler bewusst.

Heute musst du nichts weiter tun, als dir dieser klassischen Fehler bewusst zu werden. Überlege dir, in welchen Situationen du deiner Meinung nach nicht wirklich im Gespräch punkten konntest. Frage dich, inwieweit du diese klassischen Fehler bereits begangen hast oder sogar routinemäßig begehst.

Versuche, daran zu arbeiten, indem du daran denkst. Wenn du dich beispielsweise heute mit jemandem unterhältst und du ertappst dich dabei, dass du demjenigen nicht in die Augen siehst, konzentriere dich auf den Blickkontakt. Beobachte dich selbst und beobachte andere. Allein die Sensibilisierung für diese Fehler sorgt dafür, dass du sie vermeiden lernst.

Meine Erkenntnisse:

18. Tag: Reflektion

Kein Briefing, keine Mission. Du hast 17 spannende Tage hinter dir, in denen dir einiges abverlangt wurde. Du musstest deine Komfortzone mehrmals verlassen, dich mit dir selbst auseinandersetzen, vieles aufschreiben, vieles üben, über einiges nachdenken.

Du bist auf einem guten Weg. Nutze den heutigen Tag, um das Erlernte sacken zu lassen. Reflektiere die bisherigen Erfahrungen. Hat sich etwas verändert? Kannst du bereits erste Erfolge verbuchen?

Lies dir deine Notizen noch einmal durch, versuche, die einzelnen Briefings noch einmal zu verinnerlichen.

Darüber hinaus: Entspanne dich, unternimm etwas, das dir Freude macht und wobei du nicht viel nachdenken musst. Erlaube es dir, dich aus dem Alltagsgeschehen etwas zurückzunehmen und deinen Kopf vom bisher Gelernten freizumachen. Wenn dich die vielen Konfrontationen der letzten Tage angestrengt haben, ist es auch mal erlaubt, heute Gesprächen aus dem Weg zu gehen.

Aber vielleicht hast du auch deine Freude daran entdeckt. Oder du stellst überrascht fest, dass du, ohne darüber nachzudenken, mit anderen in Interaktion getreten bist, was vor 17 Tagen noch unmöglich schien. Herzlichen Glückwunsch, dann ist dein Etappenziel bereits erreicht.

Meine Erkenntnisse:

____

____

____

____

____

____

____

____

19. Tag: Lust auf mehr – Wie Zuhörer am Ball bleiben

Wir haben bereits darüber gesprochen, wie du dein Publikum erreichst. Das Prinzip des guten Openers ist wichtig, um die Aufmerksamkeit zu erhalten. Im nächsten Schritt musst du allerdings dafür sorgen, dass du die Aufmerksamkeit behältst. Ein guter Opener alleine sorgt nicht dafür, dass deine Zuhörer aufmerksam bleiben.

Briefing: Spannung aufbauen

Denk mal an einen guten Witz. Er kann noch so witzig sein – wenn du ihn nicht richtig erzählst, sogar vielleicht die Pointe vorwegnimmst, ist er ruiniert und niemand schenkt ihm mehr ein müdes Lächeln.

Anders verhält es sich mit einer Rede, einer Präsentation, selbst mit dem Erzählen einer Anekdote auch nicht. Wenn du sprichst, ist es wichtig, Spannung aufzubauen. Du musst den Zuhörern von Anfang bis Ende etwas bieten.

Das gilt umso mehr bei einer Rede oder einer Präsentation. Ich spreche hier gerne vom 8-Phasenmodell.

1. Phase Kontaktverlauf	Du setzt deine Körpersprache ein, wirst optisch präsent.
2. Phase Kontaktaufnahme	Du sprichst deine Zuhörer an, schaffst Verbindlichkeit, achtest auf eine ansprechende Betonung.
3. Phase Ausgangspunkt	Du benutzt deinen individuellen Ausgangspunkt, weckst das Interesse, machst das Thema bildhaft.
4. Phase Sachliche Plattform	Du stellst das Thema logisch dar, erläuterst Fakten und gibst Informationen weiter. In dieser Phase sprichst du den Verstand an.
5. Phase Emotionale Beeinflussung	Nachdem die Fakten auf dem Tisch liegen, holst du deine Zuhörer emotional ab. Das kann in Form einer Aufforderung sein. Du weckst Begeisterung, reißt deine Zuhörer mit.
6. Phase Durchdringung	Nun gilt es, bleibenden Eindruck zu hinterlassen. Du hebst die Schwerpunkte hervor und vertiefst sie.
7. Phase Zusammenfassung	Wichtiges wird nochmal hervorgehoben.
8. Phase Schluss	Du schließt das Thema rund ab, sprichst deine Zuhörer nochmal direkt an und bedankst dich.

Bei einer professionellen Rede oder Präsentation liegst du mit diesem roten Faden goldrichtig. Du baust Spannung auf, interessierst deine Zuhörer, lieferst Fakten, hältst die Spannung durch die emotionale Bindung aufrecht und lieferst mit einem roten Faden und einer sinnvollen Zusammenfassung echten Mehrwert.

Das Ganze lässt sich im kleineren Stil auch auf eine Gesprächsrunde übertragen, wenn du gerne das Wort ergreifen und anderen etwas sagen möchtest, ja selbst, wenn du vorhast, einen Witz in größerer Runde zu erzählen.

Mission: Erzähle mit rotem Faden

Deine heutige Mission ist es, eine Geschichte, eine Anekdote, vielleicht auch nur einen Witz zu erzählen und mittels einer Struktur dafür zu sorgen, dass deine Zuhörer am Ball bleiben.

Denke vorher darüber nach, wen du heute treffen wirst, welche Geschichte du in diesem Rahmen zum Besten geben möchtest. Das kann wirklich nur eine kleine Anekdote im Freundeskreis sein, oder auch ein Thema im Job, dass du im Wochenmeeting schon längst hattest ansprechen wollen. Du kannst nicht in jedem Fall das oben beschriebene Phasenmodell anwenden. Aber du kannst dich in jeder Situation grob an dem Leitfaden orientieren: Kontaktverlauf – Kontaktaufnahme – Opener – eigentliches Thema (Information) – Emotionalisierung – Zusammenfassung – Schluss. Probiere es einfach aus. Achte darauf, nicht zu langatmig zu werden bei dem Versuch, möglichst alle Phasen unterzubringen.

Meine Erkenntnisse:

____

____

____

____

____

____

____

____

20. Tag: Signale der Sicherheit

Ein paar Mal haben wir es bereits angesprochen: Wenn deine Zuhörer deine Unsicherheit spüren, verlieren sie das Interesse an dir. Unsicherheit macht dich weniger glaubwürdig.

Besser als zu wissen, was dich unsicher erscheinen lässt, ist es zu wissen, welche Signale deine Sicherheit zeigen.

Briefing: Mit fünf Signalen Sicherheit demonstrieren

Sicherheit zu zeigen, ist im Gespräch wichtig. Ohne dass wir uns dessen bewusst werden, nehmen wir an, dass sichere Menschen wissen, wovon sie reden. Wir akzeptieren sie als Alphatiere, vertrauen ihnen, folgen ihnen, finden sie sympathisch. Das ist völlig natürlich. All das geschieht unbewusst. Wir nehmen verschiedene körperliche Signale wahr und deuten diese als Sicherheit.

Das lässt sich in der Gesprächssituation wie auch beim Halten einer Rede hervorragend nutzen.

Die fünf Signale der Sicherheit sind

- Blickkontakt
- Stimme
- Gestik
- Pausen
- Körperhaltung

Im Detail bedeutet das:

Mit dem Blickkontakt zu deinen Zuhörern signalisierst du Respekt und Interesse. Du nimmst dein Gegenüber wahr und sprichst ihn bzw. sie direkt an. Gleichzeitig zeigst du, dass du zu dem, was du sagst, stehst und nichts zu verbergen hast. (Wir kennen das Gegenteil, nämlich, dass jemand, der etwas zu verbergen hat, lügt oder sich schämt, den Blick häufig senkt.)

Die Stimme transportiert Emotionen. Klingt sie monoton und gleichbleibend, transportierst du Langeweile und Belanglosigkeit. Gleichzeitig können eine hörbare Erregung, hohe Töne und andere stimmliche Schwankungen zeigen, dass du der Situation nicht gewachsen bist. Eine ruhige und feste Stimme hingegen, die bei den richtigen Betonungen angenehm schwingt, klingt sympathisch und gefestigt.

Die Gestik gehört zur Sprache dazu. Sie dient dazu, das Gesagte zu unterstreichen, ihm mehr Ausdruck zu verleihen. Durch die passende Gestik wird deine Rede lebendig. Fehlt jede Gestik, wirkt der Sprecher starr und steif. Gestikuliert er zu viel herum, wirkt er hektisch und unsicher.

Pausen signalisieren Selbstsicherheit. Durch sie kannst du dem Gesagten Ausdruck verleihen. Deine Worte können nachklingen. Der Zuhörer erhält die Möglichkeit, nachzudenken und deine Worte auf sich wirken zu lassen. Du zeigst außerdem, dass du die Stille nicht scheust, sondern sie selbstbewusst einleitest. Das Gegenteil wäre pausenloses, schnelles Reden. Weder Sprecher noch Zuhörer kommen auf diese Weise zur Ruhe. Zudem wirkt schnelles Reden immer unsicher und gehetzt.

Unsere Körperhaltung ist der absolute Ausdruck unserer inneren Haltung. Stehst du aufrecht, mit gestrafften Schultern, nehmen dich andere als aufrechte und selbstbewusste Person wahr, die etwas zu sagen hat. Ansonsten wirkst du eher ergeben und angepasst, als jemand, der sich vor den Zuschauern und dem Leben duckt, sich klein macht.

Mission: Übe die fünf Signale der Sicherheit.

Halte eine kleine Ansprache an dich selbst und filme dich dabei. Achte beim Anschauen der Aufnahme auf die fünf Signale der Sicherheit. Setzt du sie um? Wie ist deine Haltung, wie ist deine Stimme? Setzt du Gestik gekonnt ein? Versuche dir vorstellen, das da seist nicht du, sondern eine andere Person: Würdest du ihr gerne zuhören? Wenn dir etwas auffällt, das du verbessern könntest, übe das ein- bis zweimal und nehme dich dann erneut auf. Kannst du eine Veränderung feststellen?

Es ist auch hier wieder in Ordnung, nicht in ein, zwei Durchgängen alles richtig zu machen. Aber du wirst bereits mit diesem neuen Bewusstsein erste Veränderungen feststellen können. Und je mehr du für dieses Thema sensibilisiert wirst, umso eher wirst du auch in Zukunft darauf achten, welche Signale du sendest.

Meine Erkenntnisse:

____

____

____

____

____

____

____

____

21. Tag: So funktioniert Seeding

Der Begriff Seeding kommt aus dem Englischen und bedeutet „säen“. Das Prinzip dürfte ja hinreichend bekannt sein: Wenn du etwas erreichen willst, musst du zunächst den Samen dazu auslegen. Ohne Samen keine Saat, ohne Saat keine Ernte. In der Landwirtschaft ist das logisch. Doch was hat Seeding mit dem Real Life zu tun?

Briefing: Seeding – Säe und du wirst ernten

Seeding könnte man übersetzt auch mit „den Köder auslegen“ beschreiben. Du machst dich interessant, indem du deinem Gegenüber etwas erzählst, das Lust auf mehr macht.

Es gibt immer wieder Situationen, in denen du etwas von deinem Zuhörer möchtest. Wenn du einen Vortrag auf einem Meeting hältst, möchtest du, dass die Anwesenden dir zustimmen, deinen Vorschlag annehmen etc. Wenn du eine Verkaufspräsentation hältst, ist dein Ziel, dass deine Kunden dein Produkt auch kaufen. Wenn du eine attraktive Frau bzw. einen attraktiven Mann ansprichst, wünschst du dir, dass mehr aus der Situation wird und es zu einem weiteren Date kommt. Und wenn du in einer größeren Runde mit anderen, dir fremden Menschen ins Gespräch kommst, dann willst du wahrgenommen werden und hoffst vielleicht auf eine Einladung, ein Treffen oder sonst eine Möglichkeit, dich in eine bestehende Gruppe zu integrieren. Unsere Kommunikation ist also häufig mit einer Erwartungshaltung verbunden.

Wenn du die Kunst des Seeding verstehst, legst du im Laufe des Gesprächs bzw. des Vortrags den Köder aus. Du erzählst beispielsweise von einem positiven Effekt, den ein Produkt, das du verkaufen möchtest, erzielt, noch ehe du das Produkt erwähnst. Du berichtest gezielt von positiven Entwicklungen, die du dir im Unternehmen erhoffst, noch ehe du deinen damit verbundenen Vorschlag unterbreitest. Oder im privaten Bereich: Du erzählst einer Frau bzw. einem Mann, die/den du gerade kennengelernt hast, von einem tollen Lokal, wechselst aber dann das Thema, erfüllst also nicht die Erwartung des anderen, du würdest sie bzw. ihn dazu einladen.

Worin besteht der Unterschied? Du könntest konkret sein. Du könntest sagen „Wenn wir das erreichen wollen, sollten wir Plan X umsetzen.“ Du könntest ebenso gut sagen „Wenn Sie dieses oder jenes erreichen wollen, brauchen Sie dieses Produkt.“ Oder du könntest Spontan sein: „Es gibt da dieses tolle Restaurant. Möchtest du mit mir dahin gehen?“ Ich sage nicht, dass es nicht funktioniert. Es kann funktionieren. Es kann aber auch sein, dass dein Gegenüber gleich dicht macht. Dein Zuhörer weiß bereits bei deiner begeisterten

Beschreibung, woraus das hinausläuft. Wenn du aber einen Köder auslegst, einen Samen aussäst, und dann das Thema wechselst, weckst du Interesse. Der Themenwechsel erhöht die Spannung, deine Zuhörer sind interessiert, werden neugierig. Und sie steigen deutlich eher darauf ein, wenn du so ganz nebenbei deine konkrete Aufforderung aussprichst.

Mission: Finde eine Anwendung für Seeding in deinem Leben.

Womöglich kannst du mit dem Begriff Seeding noch nichts anfangen. Überlege dir, inwieweit Seeding für dich und deine persönlichen Ziele eine mögliche Methode sein könnte und wie das konkret ausschauen sollte.

Meine Erkenntnisse:

____

____

____

____

____

____

____

____

22. Tag: Der perfekte Spickzettel

Heute kommen wir zurück zum Thema Rede bzw. Vortrag. Die Redeangst greift gerade dann, wenn du gezwungen bist, vor einer größeren Menschenmenge zu sprechen. Dann ist nicht nur eine gute Vorbereitung und eine exakte Planung deiner Rede wichtig, sondern auch ein Spickzettel. Schließlich willst du unbedingt vermeiden, dass du während deiner Rede einen Blackout hast und plötzlich nicht mehr weiter weißt. Aber auch in anderen Gesprächssituationen kann der Spickzettel ein nützlicher Begleiter sein.

Briefing: Der Spickzettel für alle Lebenslagen

Heute ist Tag 22 deiner Challenge. Du näherst dich dem Ende dieses Kurses und damit deinem Ziel, deine Schüchternheit ad acta zu legen. Vieles hast du bereits gelernt, und wenn du deine Missionen wie beschrieben absolviert hast, bist du auf einem guten Weg. Einige Veränderungen sollten sich bereits bemerkbar gemacht haben.

Doch natürlich kannst du an diesem Punkt noch nicht sämtliche Unsicherheiten abgelegt haben. Die Gefahr, eine klassische Panne zu erleiden, nicht weiter zu wissen, einen Blackout zu erleben, den roten Faden zu verlieren, ist immer noch präsent. Es ist also wichtig, weiterhin gut vorbereitet zu sein und im absoluten Notfall einen stummen Helfer dabei zu haben: den Spickzettel.

Wenn du jetzt erwartest, dass ich dir rate, deinen Vortrag auf einem Zettel zusammenzufassen, dass ich dir ein fertiges Konzept ans Herz lege, das du nur noch abzulesen brauchst, liegst du falsch. Tatsächlich würde dir dies die Leichtigkeit nehmen.

Bei einem Spickzettel geht es vielmehr darum, dir einen symbolischen Halt zu geben, einen stummen Begleiter, der dich im Falle eines Falles an das Gelernte erinnert. Natürlich findest du auf deinem Spickzettel alles zusammengefasst, das dir hilft, eine beängstigende Gesprächssituation zu meistern. Du kannst, wenn dich die Redeangst überfällt, nochmal auf die Schnelle nachlesen, welche Prinzipien wichtig sind und wie du die Situation am besten meisterst. Aber mehr noch verleiht dir der Spickzettel im Zweifelsfall die notwendige Sicherheit, die dir vielleicht gerade fehlt.

Mission: Erstelle deinen Spickzettel.

Nimm ein DIN-A4-Blatt und fasse darauf zusammen, was du gelernt hast. Das soll kein Roman oder eine Zusammenfassung dieses Buches werden, sondern lediglich Leitsätze, die dich an die einzelnen Challenge-Tage und ihre Missionen erinnern.

Füge hier hinzu, was für dich persönlich relevant ist.

- Was sind deine Ziele?
- Wie willst du wirken?
- Welche Eigenschaften sollen andere an dir wahrnehmen?
- Formuliere positiv: Ich bin klug, humorvoll, anziehend, sympathisch etc. (Es ist nie verkehrt, sich selbst an diese positiven Eigenschaften zu erinnern, wenn andere dir das abnehmen sollen.)
- Was ist dein Motivationsmantra?
- Aspekte der Stimmbildung: Laut und deutlich sprechen, langsam und betont reden, Pausen einlegen.
- Was ist deine Geschichte?
- Vergiss deinen roten Faden nicht.

So in etwa könnte dein Spickzettel gestaltet sein. Wichtig ist hierbei, dass er tatsächlich nicht mehr als eine DIN-A4-Seite umfasst. Falte ihn zusammen und trage ihn bei dir. Das war es auch schon. Du kannst ihn immer dann, wenn du vor einer neuen Herausforderung stehst, wenn es darum geht deine Redeangst, deine Schüchternheit zu überwinden, herausholen und dir so das Erlernte in Erinnerung rufen. Das gibt dir Sicherheit, solange du sie noch brauchst. Mit der Zeit wirst du feststellen, dass du immer seltener deinen Spickzettel aus der Tasche holen wirst – bis du ihn irgendwann ganz vergisst.

Meine Erkenntnisse:

____

____

____

____

____

____

____

____

23. Tag: NLP – Reframing

Heute wird es wissenschaftlich und interessant. Du erlernst das Prinzip des Reframings. Hierbei handelt es sich um einen Begriff aus dem NLP (Neurolinguistisches Programmieren).

Diese Technik ist wichtig, um Unterhaltungen mit anderen Menschen nicht nur zu überstehen, sondern um sie zu steuern, zu dominieren.

Briefing: Manchmal muss der Blickwinkel geändert werden.

Beim Neurolinguistischen Programmieren gehen wir von so genannten Frames aus. Das bedeutet, es gibt für jede Situation, jedes Problem mehrere Blickwinkel. Aus diesem Blickwinkel heraus bewerten wir Situationen, aber auch Menschen und unsere Umgebung. Dass dieser Blickwinkel subjektiv ist, versteht sich von selbst, denn jeder betrachtet seine Umgebung aus einem anderen Blickwinkel. Um ein gewünschtes Resultat zu erzielen, kann es notwendig werden, den Frame zu ändern. Dies nennt man Reframing. Dabei kann sowohl der eigene Frame verändert werden als auch der unseres Gegenübers oder der Frame der Situation, die es zu ändern gilt. Wir könnten auch sagen, eine Situation wird, um verändert oder gedeutet zu werden, in einem anderen Kontext betrachtet.

Die verschiedenen Reframing-Techniken, derer du dich bedienen kannst, wenn du eine Gesprächssituation dominieren möchtest, sind:

- *Frame ändern:* Hierbei änderst du den Frame einer Situation. Wenn du spürst, dass dein Gegenüber unschlüssig ist, ob er sich auf dich einlassen, dir folgen möchte, kannst du den Frame entsprechend verschieben und ihn dazu zu bringen, deinen Vorschlag in einem größeren oder kleineren Rahmen zu betrachten. Das funktioniert bei Reden, in denen du deine Zuhörer dazu bringen möchtest, neue Blickwinkel anzunehmen, ebenso gut wie bei einem Flirt. Größer denken, weiter denken, anders denken – deine Aufforderung bringt andere dazu, ihren gewohnten Frame zu verlassen.
- *Kontext ändern:* Manchmal kann es nützlich sein, dein Gegenüber dazu zu bringen, die gleiche Situation einfach in einem anderen Kontext zu sehen. Ein praktisches Beispiel für die Änderung des Kontextes ist das Thema Wetter: Wenn sich jemand darüber ärgert, dass es regnet, so mag dies durchaus seine Berechtigung haben. Immerhin ist ein schöner Ausflug oder ein Grillnachmittag ins Wasser gefallen. Doch gleichzeitig ist der Regen womöglich für die Landwirtschaft wichtig gewesen. Indem du deinen Gesprächspartner dazu bringst, seinen bisherigen Blickwinkel zu verlassen und eine Situation aus einem neuen zu betrachten, beherrschst du die Situation.

- *Bedeutungs-Reframing:* Ähnlich verhält es sich beim Bedeutungs-Reframing. Hier variiert der Blickwinkel je nach Denkweise, Ansicht, Erziehung, Charakter und individuellen Erfahrungen. Die gleiche Umgebung, die gleiche Situation kann für verschiedene Menschen eine unterschiedliche Bedeutung haben, je nachdem, was sie damit verbinden. Hier ist Fingerspitzengefühl gefragt. Du kannst deinen Gesprächspartner bitten, die Situation aus deinem Bedeutungs-Frame heraus zu betrachten. Du kannst jedoch auch deinen eigenen Frame ändern, wenn du die Deutung deines Gegenübers akzeptierst und dadurch deine persönliche Haltung änderst.
- *Kritik-Reframing:* Hinter diesem Begriff versteckt sich etwas, was wir tagtäglich erleben. Wenn wir andere kritisieren oder beurteilen, schwingt immer auch eine Wertung der Person mit. Hast du nicht selbst schon jemanden für etwas kritisiert, weil du diese Person nicht mochtest? Würde der gleiche Fehler einem anderen Menschen passieren, wärst du viel nachsichtiger? Dann wäre Kritik-Reframing angebracht. Diese Technik kannst du anwenden, wenn du dich selbst mit Kritik konfrontiert siehst. Kritik ist nur dann positiv, wenn sie konstruktiv ist. Und das kann sie nur sein, wenn sie personenunabhängig erfolgt.

Mission: Betreibe gezieltes konstruktives Reframing.

Heute wendest du eine ganz einfache Reframing-Technik an. Wandle etwas Negatives in etwas Positives um. Vereinfacht ließe sich sagen: Rede heute etwas Schlechtes schön. Wenn jemand sich heute bei dir über etwas beschweren sollte, so beginne deinen Satz mit: „Sieh es doch mal so: …“ Alles hat immer auch eine gute Seite. Perfektioniere deine Reframing-Technik. Dein Ziel ist immer dann erreicht, wenn jemand sich zunächst ärgert, du ihm dann eine andere Sichtweise eröffnest und dein Gegenüber antwortet: „Okay, da hast du auch wieder recht.“

Es beschwert sich niemand? Dann wende das konstruktive Reframing bei dir selbst an. Wenn du merkst, dass dich etwas stresst, führe dir vor Augen, dass die Sache auch etwas Gutes hat.

Meine Erkenntnisse:

____

____

____

____

____

24. Tag: Positive Beeinflussung: Die Ja-Leiter

Weiter geht es am 24. Tag deiner persönlichen Challenge mit gezielten Techniken, um deine Zuhörer auf deine Seite zu bringen, ein Gespräch zu dominieren und gewünschte Resultate herbeizuführen.

An dieser Stelle muss gesagt werden: Es geht hier nicht um Manipulation. Es geht um Erfolg, der von deiner Eloquenz abhängt. Das ist besonders im beruflichen Bereich elementar wichtig. Hier musst du ständig andere überzeugen, etwas verkaufen – deine Idee, ein Produkt, vielleicht sogar dich selbst. Aber auch im privaten Bereich hilft es sehr, gewinnend zu sein.

Eine Technik, die im Vertrieb bis zur Perfektion betrieben wird, ist die positive Beeinflussung.

Briefing: Die Ja-Leiter führt immer nur nach oben.

Positive Beeinflussung kennt jeder, der es einmal mit einem guten Vertriebler zu tun hatte. Das Prinzip besteht darin, in einem Gespräch gezielte Fragen zu stellen, die das Gegenüber zwangsläufig mit „Ja" beantworten muss. Man schafft so einen gemeinsamen Konsens. Unterbewusst wird der Gesprächspartner positiv gestimmt. Wer immer nur „Ja" sagt, sagt irgendwann auch „Okay". Das ist das Ziel.

Konkret lässt sich das mit einem klassischen Berufsbild veranschaulichen: dem Handelsvertreter für Staubsauger. Wenn dieser sein Handwerk, nämlich das Verkaufen eines sündhaft teuren Modells, versteht, wird er gemeinsam mit dir die Ja-Leiter hinaufklettern. Er wird dir beispielsweise Schmutz ins Haus schütten, einen herkömmlichen Staubsauger darüber gleiten lassen und dir zeigen, wie viel immer noch vom Schmutz da ist. Dann wird er etwas sagen wie „So etwas möchte niemand in seinem Haus haben – da stimmen Sie mir doch zu, oder?" Natürlich wirst du an dieser Stelle mit „Ja" antworten. Wer möchte schon ein unsauberes Haus? Auf diese Art und Weise wird er weitermachen. „Mit dem alten Staubsauger müssen Sie morgen schon wieder ran. Es wäre natürlich schöner, Sie müssten stattdessen nur einmal die Woche saugen, richtig?" Natürlich ist das richtig. Deine Antwort wird wieder „Ja" lauten. Konkret wird dich der Vertreter irgendwann fragen: „Ist es nicht dumm, jeden Tag Zeit mit dem Staubsaugen zu verschwenden, wenn Sie stattdessen diese Zeit anderweitig nutzen könnten?" Ja, sicher. Und dann kommt die entscheidende Frage: „Warum machen Sie es dann nicht?" So oder ähnlich verlaufen professionelle Verkaufsgespräche. Du bist natürlich immer wieder gezwungen, „Ja" zu sagen. Und am Ende, wenn es um das konkrete Angebot geht, kommst du in die Verlegenheit, gar nicht mehr „Nein" sagen zu können, weil du viel zu oft „Ja" gesagt hast.

Nun sind solche Verkaufsgespräche für uns negativ belastet. Doch positive Beeinflussung kann etwas sehr Konstruktives und Gutes sein, wenn du es für dich und deinen Redeerfolg anwendest.

Mission: Nutze positive Beeinflussung.

Suche dir heute ein Ziel, das du bei anderen Menschen erreichen möchtest. Vielleicht hast du jemanden im Visier, den/die du gerne mal zu einem Treffen einladen möchtest. Vielleicht wolltest du jemanden auch immer schon überzeugen, etwas zu verändern. Oder ist längst eine Gehaltserhöhung fällig? Gerade hier kannst du positive Beeinflussung hervorragend nutzen. Bereite dich inhaltlich auf dieses Gespräch gut vor und nutze die Ja-Leiter für deinen beruflichen Erfolg. Wenn du deinen Vorgesetzten dazu bringst, deine bisherigen Leistungen zu bejahen und deinen Ausführungen zum diesjährigen Gewinn zu folgen, kann er schlecht zur Gehaltserhöhung „Nein“ sagen. In welcher Situation du positive Beeinflussung austestest, ist letzten Endes nicht wichtig. Wichtiger ist zu entdecken, welche Macht es dir verleiht.

Meine Erkenntnisse:

25. Tag: Der richtige Umgang mit Kritik

Kritik gehört zum täglichen Leben dazu. Und dennoch haben wir meistens große Probleme damit. Wenn wir kritisiert werden, reagieren wir häufig beleidigt und emotional. Das Problem dabei ist, dass wir nicht differenzieren, ob diese Kritik einer Sache, einer Idee oder einer Handlung gilt oder uns als Person.

Briefing: Kritik ist nicht persönlich gemeint.

Vorweg: Kritik muss man aushalten. Und dafür braucht es Selbstvertrauen. Wenn ich selbstsicher bin und von meinem Auftreten und meinen Thesen überzeugt bin, kann ich auch mit Kritik umgehen und sie gegebenenfalls annehmen. Nehme ich Kritik jedoch persönlich, bedeutet dies, dass fehlendes Selbstvertrauen vorliegt. Wichtig ist also zunächst, Kritik von dir als Person zu differenzieren. Wenn dir jemand sagt, dass deine Aussage dumm sei, so heißt dies nicht, dass DU dumm bist – vereinfacht ausgedrückt.

Um das zu verinnerlichen, braucht es Geduld, Ruhe, Gelassenheit und die Fähigkeit der Selbstreflektion. Das alles lässt sich trainieren. Sieh Kritik als etwas Positives. Nur durch konstruktive Kritik kannst du dich stetig verbessern und dazulernen. Wer nicht in der Lage ist, Kritik anzunehmen, tritt auf der Stelle.

Mission: Übe den richtigen Umgang mit Kritik.

Kritik wird täglich geübt, auch wenn wir es nicht wahrnehmen. Du kannst diese Mission also heute durchführen.

Wenn dir Kritik entgegengebracht wird, gehe wie folgt vor:

- Höre dir Kritik ruhig und neutral an.
- Versuche, die Kritik aus dem Blickwinkel des anderen nachzuvollziehen (Reframing).
- Vermeide Missverständnisse, indem du ggf. hinterfragst.
- Prüfe für dich, inwieweit die Kritik gerechtfertigt ist.
- Ist sie es nicht, fordere dein Gegenüber auf, es näher zu erläutern.
- Ist die Kritik nicht bedeutsam, hake sie als Fehlansicht des anderen ab.
- Ist die Kritik gerechtfertigt, nimm sie an und versuche, konstruktive Vorschläge umzusetzen.
- Bitte um konstruktive Vorschläge, wie du es besser machen kannst.

Meine Erkenntnisse:

26. Tag: So konterst du richtig

Wer die Stimme erhebt, muss mit Gegenargumenten und unangenehmen Reaktionen rechnen. Das allein ist oft der Grund, weshalb Menschen Angst davor haben, sich bemerkbar zu machen. Klar, bei einem lockeren Party-Smalltalk besteht diese Gefahr weniger. Doch wenn du eine wichtige Rede im Job oder einen Vortrag in der Uni hältst, sieht es anders aus. Auch in einem Meeting, bei dem du dich zu Wort meldest, kann es zu Diskussionen kommen. So kann es sein, dass du aus Angst vor möglichen Angriffen und kontroversen Reaktionen deine Meinung nicht äußerst.

Doch richtiges Kontern lässt sich genauso üben wie die richtige Vortragstechnik.

Briefing: So konterst du gekonnt.

Kontern ist wichtig, um die eigene Meinung zu untermauern und das Gesagte zu bestätigen. Du kannst es dir nicht leisten, dich von Gegenspielern aus dem Konzept bringen zu lassen. Am Vortag hast du bereits gelernt, mit Kritik umzugehen. Doch das bezog sich eher auf konstruktive Kritik. Es gibt jedoch auch andere, schwierige Mitmenschen, die dich angreifen, bewusst aus dem Konzept bringen wollen, die deinen Vortrag stören möchten oder ihren eigenen Vorteil suchen, indem sie deine Argumente kleinmachen. Solche Gegenspieler sind oft sehr aggressiv, sehr anmaßend, sehr provokativ. Das ist jedoch kein Grund, unmotiviert zu sein. Im Gegenteil. Wenn du lernst, mit solchen Angreifern umzugehen, steigert es dein Selbstwertgefühl enorm. Und wenn du gekonnt konterst, kannst du sogar Spaß dabei entwickeln, solchen Miesepetern die Stirn zu bieten.

Wichtigste Grundlage: Ruhig bleiben. Denn so vermeidest du eine Blockade. Wenn dich jemand angreift, bleibe ruhig und sachlich. Atme tief durch und bremse den Redner zunächst aus. Nimm dir alle Zeit, die du dafür brauchst.

Denke dabei immer daran, dass der Einwand nicht gegen deine Person gerichtet ist. Du kontrollierst immer noch die Situation. Die Frage ist nur, wie du damit umgehen möchtest.

Folgende Möglichkeiten bieten sich an:

- Ignoriere den Einwand, wenn er unsachlich, persönlich oder gar beleidigend ist. In diesem Fall beweist du Stärke und Größe und wirst das Publikum unweigerlich auf deiner Seite haben.
- Reagiere kurz und knapp, indem du einen unnötigen Einwand, dessen Beantwortung zu weit führen würde, beiseiteschiebst. Sage etwas wie „Das würde zu weit führen.“ „Das ist ein anderes Thema.“ „Das lässt sich nicht

so ad hoc klären“, oder „Das ist nicht so leicht zu beantworten, wie Sie meinen.“ Letzteres ist besonders clever, da du hier deine Überlegenheit demonstrierst.

- Antworte mit einer Gegenfrage: „Wie genau meinen Sie das?“ „Können Sie das bitte weiter ausführen?“ Damit drehst du den Spieß um und forderst dein Gegenüber heraus.
- Gegensätze formulieren. Wenn jemand einen Einwand bringt, kannst du diesen zunächst bestätigen mit „Das mag so sein“, dann schiebst du jedoch ein „Aber“ hinterher und argumentierst in die entgegengesetzte Richtung. Das nimmt dem Gesprächspartner den Wind aus den Segeln.
- Reagiere auf Einwände, indem du auf sie reagierst, ohne deinen Vortrag davon beeinträchtigen zu lassen. Du kannst beispielsweise antworten: „Das können wir gerne nach dem Vortrag miteinander diskutieren.“ Damit zeigst du, dass du offen für Kritik bist, aber gleichzeitig auch nicht von deinem roten Faden abweichst.
- Fortgeschrittene können mit Humor reagieren, einen passenden Witz einstreuen und so Überlegenheit demonstrieren. Und es muss generell zu dir und deinem Typ passen.

Mission: Teste verschiedene Reaktionen auf Einwände.

Oft fällt es uns nicht auf, aber den ganzen Tag müssen wir mit Einwänden umgehen können. Nachdem du das heutige Briefing gelesen hast, achte bewusst darauf, welche Einwände dir heute begegnen, und teste die verschiedenen Varianten, damit umzugehen. Was funktioniert am besten? Womit fühlst du dich am wohlsten?

So entwickelst du deine eigene Konter-Strategie.

Meine Erkenntnisse:

____

____

____

____

____

____

____

____

27. Tag: Individuelle Einstellung auf die Zuhörer

Wer immer nur dem Schema F folgt, ohne darauf zu achten, wer gerade vor ihm sitzt, hat schon so gut wie verloren. Deine Zuhörerschaft wird sich ständig ändern. Nicht jeder reagiert gleich. Und jede Situation erfordert eine andere Herangehensweise.

Briefing: Empfänglich bleiben ist wichtig.

Wenn man die verschiedenen Redetechniken perfektioniert hat, besteht jedoch immer die Gefahr, sich allzu sicher zu fühlen und in jeder Situation auf die gleiche Art und Weise aufzutreten. Doch bei einem Elternabend in der Schule mit anderen Eltern über das Ziel der Klassenfahrt zu diskutieren, ist etwas anderes, als bei einem Business Meeting das Jahresbudget zu erhöhen oder in einer Bar eine Frau auf einen Drink einzuladen.

Die grundlegenden Techniken sind immer die gleichen, doch jede Situation will anders bewältigt werden. Und jeder Mensch reagiert anders. Der eine mag deinem Vortrag gespannt folgen, der nächste findet ihn langweilig. Das Schlimmste, was du tun kannst, ist bei deinem vorgefertigten Schema zu bleiben und dich selbst damit zu entschuldigen, dass das Publikum das Falsche war. Das Publikum ist niemals falsch, es ist höchstens anders.

Bleibe daher immer empfänglich für Mimik, Gestik und allgemeine Klientel.

Mission: Studiere dein Gegenüber.

Wenn du dich heute in Gesprächssituationen begibst, konzentriere dich nicht zu sehr darauf, was du sagst und wie du es sagst, sondern darauf, mit wem du es zu tun hast. Welcher Altersgruppe gehören deine Zuhörer an? Sind sie männlich oder weiblich? Welchen Blickwinkel haben sie auf das Leben? Kurz: Wie ticken sie?

Versuche, dich auf deine jeweilige Zuhörerschaft einzustellen. Verändere deine Sprechweise, aber auch Themenwahl oder Taktik. Finde die Balance zwischen der eigenen Authentizität und dem Einlassen auf deine Zuhörer.

Meine Erkenntnisse:

____

____

____

____

____

____

28. Tag: Körpersprache

Heute schließen wir an den gestrigen Erfahrungen an und richten unser Augenmerk auf die Körpersprache.

Briefing: Unterschätze niemals die Macht der Körpersprache.

Die Körpersprache ist eine wesentliche Ausdrucksmöglichkeit. Gesten unterstreichen deine Aussagen, das haben wir bereits festgestellt. Sie verleihen dir mehr Ausdruckskraft, lassen dich stark und selbstsicher wirken. Stehst du aufrecht, empfindet man dich als aufrichtig. Breitest du beim Sprechen die Arme aus, wirkt deine Erscheinung einladend. Ein Lächeln macht dich sympathisch.

Aber es gibt zum Thema Körpersprache weitere wichtige Aspekte. Auch deine Zuhörer lassen an ihrer Körpersprache so einiges erkennen. Sitzen sie in verschränkter Haltung dort, haben sie Vorbehalte. Sie sind abwartend, möglicherweise kritisch. Schauen sie im Raum umher, sind sie desinteressiert. Du verlierst gerade ihre Aufmerksamkeit. Lächeln sie dich an, finden sie dich sympathisch und haben Spaß an deinem Vortrag. Kopfschütteln signalisiert natürlich, dass sie mit deinen Ausführungen nicht einverstanden sind. Suchen bzw. halten sie den Blickkontakt, hast du ihre Aufmerksamkeit.

Eine gemeinsame Körpersprache schafft schließlich Verbindungen. Dazu lasse dich heute auf die folgende Mission ein.

Mission: Kommuniziere mit deinem Körper.

Folgende interessante kleine Übung: Wenn du heute ein Gespräch mit jemandem führst, achte darauf, welche Körperhaltung derjenige einnimmt. Dann beginne unauffällig, eben diese Haltung zu kopieren. Damit stellst du eine Verbindung her, die dem anderen gar nicht bewusst ist. Wenn du seine Haltung kopierst, empfindet er dich als angenehm und sympathisch. Wenn du spürst, dass ihr eine Sprache sprecht, beginnst du, deine Haltung zu ändern. Wenn du den anderen allein durch Körpersprache für dich gewonnen hast, wirst du an dieser Stelle feststellen, dass er nun deine Körperhaltung zu imitieren beginnt, ohne dass er es merkt. In dieser Situation bist du unmerklich dominant geworden und beherrschst das Gespräch.

Diese Übung solltest du immer wieder wiederholen, da sie anfangs vielleicht nicht recht klappt. Doch nach und nach hast du den Trick mit der Körperhaltung raus.

Meine Erkenntnisse:

29. Tag: Bilanz ziehen

Am vorletzten Tag deiner Challenge ist es wichtig, eine Bilanz zu ziehen.

Briefing: Zu wissen, wo man steht, bedeutet zu wissen, wie es weitergehen soll.

Fast einen Monat hast du dich auf das Experiment eingelassen. Nun ist es Zeit zu sehen, was diese Challenge aus dir gemacht hat.

Warum ist es wichtig, Bilanz zu ziehen? Wir sind stetig in einem Lernprozess. Oft ist uns nicht bewusst, welchen Weg wir bereits hinter uns gelassen haben. Wir sehen immer nur die Strecke, die vor uns liegt. Doch die Auseinandersetzung mit dem Erlernten hilft uns zu verstehen, was wir noch besser, vielleicht auch anders machen müssen.

Wenn du unter deiner Schüchternheit und unter Redeangst leidest, ist es unmöglich, dass du nach 29 Tagen ein vollkommen neuer Mensch bist. Aber du bist ein gutes Stück weiter. Damit du dranbleiben kannst, musst du dir klarwerden, was du bereits erreicht hast und was du noch erreichen möchtest.

Mission: Ziehe Bilanz!

Sieh dir deine ersten Aufzeichnungen genau an. Was davon hat noch Relevanz? Was hat sich verändert? Welche Prioritäten haben sich verschoben? Wie hat sich dein Blickwinkel verändert? Schreibe ruhig in deine alten Notizen hinein, was sich verändert hat.

Nimm ein neues Blatt Papier und beantworte schriftlich folgende Fragen für dich:

- Welche Erfolge habe ich in den vergangenen Tagen gefeiert?
- Wie geht es mir heute bei dem Gedanken, vor fremden Menschen zu sprechen bzw. Fremde anzusprechen?
- Wie sehr habe ich mich verändert?
- Fühle ich mich selbstbewusster?
- Was war ein besonders gutes Gefühl?
- Was möchte ich besser machen?
- Was hat nicht funktioniert?
- Welche Probleme habe ich noch?

Ich bin mir sicher, dass du, nach nunmehr 29 Tagen viele Erfolge zu verzeichnen hast und ein gutes Stück vorangekommen bist. Doch du bist niemals am Ende deines Weges…

Meine Erkenntnisse:

30 Tag: Abschluss feiern und neue Ziele verfolgen

Jeder erfolgreiche Abschluss ist gleichzeitig der Startschuss für neue Ziele. Wenn du deinen Schulabschluss feierst, steht gleichzeitig ein neuer Lebensabschnitt an. Wenn du eine Ausbildung beendest, bist du gleichzeitig Berufseinsteiger. Wenn du den Führerschein machst, wirst du ein Verkehrsteilnehmer und wagst dich sprichwörtlich auf neue Wege. Nach einem erfolgreichen Seminar wagst du dich an neue Aufgaben.

Ich entlasse dich an dieser Stelle nicht in ein neues Leben, das frei von Schüchternheit ist. Deine Schüchternheit kann wieder auftreten, wo dich neue Lebenssituationen erwarten. Das ist in Ordnung, denn du verfügst nun über das notwendige Handwerkszeug, um auch diese neuen Situationen zu meistern.

Bleibe neugierig, bleibe offen. Bleibe lernwillig. Das Schlimmste, was dir passieren kann, ist, dich jetzt in deiner festgelegten Struktur zur Ruhe zu setzen.

Eine letzte Mission: Finde neue Ziele. Was kannst du mit dem anfangen, was du in den letzten 30 Tagen erlernt hast? Welche Möglichkeiten bieten sich? Welche Herausforderungen möchtest du annehmen?

Das Schöne an dieser Challenge ist: Du kannst sie beliebig ausbauen, umwandeln und für deine neuen Ziele wieder ins Leben rufen. Das Leben ist ein einziger Lernprozess.

Meine Erkenntnisse:

____

____

____

____

____

____

____

____

Inhaltsverzeichnis

Printed by Books on Demand GmbH, Norderstedt / Germany